Lutz Tantow, geb. 1956 in Braunschweig, Dr. phil., Journalist, Literaturwissenschaftler, Redakteur, Pressesprecher, Bankangestellter, war wissenschaftlicher Mitarbeiter und Universitätslehrbeauftragter, arbeitete für Zeitungen, Zeitschriften, Hörfunk und Fernsehen, war als Öffentlichkeitsarbeiter, Event-Manager, Kultur-, Kunst- und Sponsoringbeauftragter, Finanzkommunikator und Aktienanalyst tätig. Er ist Fußballer, Radfahrer und Hochseesegler, schreibt über seine Heimat und das Meer und das Reisen dazwischen, engagierte sich im Vorstand der Bibliotheksgesellschaft Niedersachsen, ist Vizepräsident des Triathlon-Verbandes Niedersachsen und in mehreren Literaturgruppen aktiv.

LUTZ TANTOW

IN 80 TEXTEN ÜBERS MEER

MARITIME ANEKDOTEN

VERLAG EXPEDITIONEN

Bibliografische Information
der Deutschen Nationalbibliothek:
Die Deutsche Nationalbibliothek verzeichnet
diese Publikation in der Deutschen Nationalbibliografie;
detaillierte bibliografische Daten
sind im Internet über http://dnb.dnb.de abrufbar.

Lutz Tantow
In 80 Texten übers Meer
Maritime Anekdoten

Buchsatz Gino Leineweber

Umschlagfoto Daniel Olah, Golden Wave
Umschlagdesign Angela Schwarze

ISBN 978-3-947911-88-2

LUTZ TANTOW

In 80 Texten übers Meer

Maritime Anekdoten

Inhalt

Vorwort

Liebesleuchten

„Ich liebe die See und sie liebt mich auch, hörst du, wie sie nach mir brüllt? Ich hätte sie niemals verlassen sollen, dass ist es, was sie mir klarmachen will!“ So heißt es in einem meiner Lieblingssongs von Element of Crime, deshalb wollte ich eigentlich auch mein Schiff „Element of Crime“ nennen, aber es hatte schon einen guten Namen, nämlich KAIROS, was viele mit „Günstige Gelegenheit“ übersetzen. Und das Kribbeln, ausgelöst durch die Macht über acht Tonnen Gewicht, das der Wind in den 100 Quadratmetern Segeltuch vorantreibt, hat durchaus etwas Erotisches.

Ich liebe das Meer. Es ist alles, nicht nur Bewegung und Liebe, nein, es ist „die lebende Unendlichkeit“, wie es bei Jules Vernes in 20.000 Meter Tiefe heißt – wo auch immer das sein mag. Es trägt die Farbe Blau, obgleich Wasser doch scheinbar durchsichtig ist – und blau ist meine Lieblingsfarbe. Das Meer ist ein Spiegel, es ist wunderschön, und es kann doch auch ein Grab sein. Seine Ausdehnung verspricht Weite, aber hinterm

Horizont geht es weiter. So wie es Abschied und Ankunft markiert, so steht es ebenfalls fürs Unterwegssein.

Das Meer hat immer Überraschungen parat, Flauten und Stürme, hohe Wellen und Untiefen, an denen man fürchten muss auf Grund zu laufen. Der Feind eines jeden Bootes ist nicht das Meer, sondern fester Grund. „Land in Sicht!“ kann aber auch eine Verheißung sein. Man kann vor Anker gehen wie bei der oder dem Liebsten, und plötzlich sieht man am Hochufer oder auf einer Insel meist herausragend einen Turm, der in der Dunkelheit ein Licht trägt und dir den Weg weist – „deines Fußes Leuchte“!

Noch mehr als die See liebe ich Leuchttürme. Ich bin ein Türmer im Geiste. Gerne würde ich in einem Leuchtturm wohnen, es gab mal ein paar davon zu kaufen zwischen Schweden und Finnland, aber solche Wohnungsangebote sind sehr begrenzt. Ich sammle Leuchttürme in allen Variationen. Bin ich in ihrer Nähe, versuche ich hinzufahren, sie zu besichtigen, in mich aufzunehmen, zu fotografieren.

Zu Hause habe ich Bücher, Bildbände und Nachschlagewerke über die Geschichte dieser Wegweiser zur See, und über die Technik und Funktionsweise von Leuchtfeuern. Abbildungen von Leuchttürmen, Souvenirs, kitschige Lampen, Schnittmusterbögen zum Selberbasteln gehören zu meiner Sammlung, alles Mögliche eben.

Warum liebt man, warum liebe ich Leuchttürme? Da ist zunächst die Lage am Wasser, meist am Meer. Leuchttürme sind von weit her sichtbar, also hat man von ihnen aus auch Weitblick. Auf sie ist Verlass, sie geben Sicherheit. Sie warnen vor Gefahren und ermöglichen, dass man Untiefen oder ein lauerndes Riff umschiffen kann. Sie geben Licht, sie leuchten einem den Weg und sind – was ja fast schon ein biblisches Motiv ist – „Kathedralen der Meere". Sie sind herausgehoben aus der Landschaft, verschaffen Überblick, ermöglichen Panoramen. Sie sind stabil, fest verankert, windumtost und doch festverwurzelt. In rauer Umgebung vermitteln sie ein Gefühl von Geborgenheit. Sie können auch Rückzugsorte sein bei nahender Gefahr. Und sie sind schön, in Aussehen, Form und Funktion.

Kein Turm gleicht dem anderen. Wo sie doch von gleicher Bauart sind, ist ihre Kennung verschieden. Es gibt farbliche Abstufungen, Verzierungen, schlanke Röhren und turmartige Mauern, runde und eckige Bastionen und filigrane Gebilde. Oft führt um das Lampenhaus ein kranzartiger Balkon als Aussichtsplattform, und als oberen Abschluss dient meist ein halbrundes Kuppeldach. Das gibt Leuchttürmen einen phallischen Charakter, oder sie werden zumindest damit assoziiert. Wer schon mal auf einem Leuchtturm übernachtet hat, weiß was gemeint ist.

Ihr enormer Lichtstrahl zieht seine Bahn quer übers Meer, erfasst mitunter Schiffe, die diese Bahn kreuzen, und signalisiert, wenn sie ihm zu nahekommen. Bei Nebel oder schlechter Sicht ertönt ein Nebelhorn. Der Turm hält Wache. Man liegt unterhalb des Laternenhauses und hört das Rotieren der Spiegellampe, das eigentlich reibungslos von statten gehen sollte – tut es aber nicht. Es sind monotone Geräusche, die einen gut träumen lassen. Von der Seefahrt, der Unverzichtbarkeit technischer Hilfsmittel und ihrer Nutzlosigkeit nach Erfinden noch fortschrittlicherer Warnsysteme. Durch sie sind die Leuchtfeuer, einst fürsorgliche Partner, nicht nur aus der Mode gekommen, sondern – und das erfüllt mich mit Traurigkeit – heute geradezu überflüssig geworden.

„Am Fuß des Leuchtturms ist kein Licht“, soll Theodor Adorno, die Lichtgestalt der Philosophie des 20.Jahrhunderts und der Frankfurter Schule, zu seinen Studenten als Abgrenzung gesagt haben. Richtig, es gibt auch Schattenseiten des Leuchtturmwesens. Ihre einsamsten Exemplare liegen meist ganz weit draußen, wo eigentlich niemand hinmöchte, wo es oft kalt, stürmisch und einsam ist. Na, und? Da gibt's doch fünfzig Wege, deinen Liebling zu lieben … und gegebenenfalls zu verlassen, und sei es auch nur vorübergehend. Um die Sehnsucht wieder wachsen zu lassen. Kein Wunder, dass viele Leuchtturmwärter früher selbst zur See gefahren sind. Sie wissen, worauf es ankommt – und sie wollen weiterhin ihrem Element nahe sein, wie sich das für Liebende gehört.

Selbst wenn es später einmal nur (wie bei Udo) für einen kurzen Besuch reicht. „Und dann geht er zu Herrn Hansen, was der Chef vom Leuchtturm war, und der sagt: Keine Panik auf der Titanic – jetzt trinken wir erstmal einen Rum mit Tee!"

Die „Achtzig Texte übers Meer" waren ursprünglich für ein „Lexikon der uferlosen Wörter" geplant, das wohl nie fertig werden wird. Sie erzählen von Inseln, Küsten und Meeren, und was man in Hafenstädten und Hafenkneipen dazwischen erleben kann. Sie beschreiben unterhaltsam Schiffsgegenstände, Fachbegriffe und berühmte Seefahrer, gern auch immer mal wieder Leuchttürme, und was sich dahinter verbirgt. Manche Texte sind in einer Kolumne der Zeitung „neue braunschweiger" erschienen, in der es hieß:

Tantow spinnt … aber nur Seemannsgarn und wahre Geschichten. Das meiste davon ist selbst erlebt – ungelogen.

Agathonisi

Bei jedem Dodekanes-Törn vom Samos-Hafen Pythagoreon aus ist die nur rund vierzehn Quadratkilometer kleine Insel Agathonisi der erste Anlaufpunkt. Im Hafen kann man am Kai festmachen, wenn die Fähre schon da war. Oder direkt dahinter. Und man landet garantiert in der Taverne von George, dem ehemaligen Polizisten des Ortes, der irgendwann mal vom deutschen TV interviewt wurde. Was dazu führte, dass sich eine Zuschauerin spontan in ihn verliebte, ihre sieben Sachen schnürte, als Rucksacktouristin die Insel aufsuchte und George fand, sich verliebte und an ihm festhielt.

Seither lebt Sabina mit ihrer Familie auf Agathonisi und führt mit viel Geschick und ehrlicher Wiedersehensfreude die kleine Taverne, in der es lecker Zicklein gibt. Das Weißbrot dazu hat uns unser Samosail-Vercharterer Yannis mitgegeben: Könnt ihr das Sabina bringen?

Ganz so liebevoll und höflich ging es früher dort nicht zu.

Im Mittelalter war Agathonisi ein Stützpunkt von Piraten. Ab dem 19. Jahrhundert wurde die Insel zunehmend von Patmos aus besiedelt. Verstreut sind

Johannisbrotbäume sowie wenige Oliven- und Feigenbäume zu sehen, sonst ist die Insel mit Macchia bedeckt. Bonsaigroße Büsche zeugen von einem Überweidungsproblem, verursacht von einer beträchtlichen Ziegenpopulation.

Die Hafenbucht Ormos Agios Georgios schneidet tief ins Inselinnere ein. Ist der Hafen überfüllt, ankert man in einer westlichen Einbuchtung oder fährt eine Seemeile weiter nach Osten in die Spaghetti-Bucht, deren Namen nur wir kennen, weil immer, wenn wir dort mutterseelenallein vor Anker lagen, Nudeln gekocht wurden. Mit diesem Mutterseelenallein war 2014 urplötzlich Schluss: Flüchtlingskrise! Die 185 Einwohner zählende zweitkleinste Gemeinde Griechenlands innerhalb der Region Südliche Ägäis wurde von zeitweise bis zu 1000 Migranten überflutet. Die türkische Küste ist nur etwas mehr als zehn Seemeilen entfernt.

Amiral

Das L'Amiral ist ein Kultrestaurant im Hafen von Concarneau an der Südwestküste der französischen Bretagne.

Es ist das „Speisezimmer“ von Inspecteur George Dupin, der in den Kriminalromanen von Jean-Luc Bannalec ermittelt. Als wir in den Hafen einliefen, musste einer aus der Crew ganz schnell auf Toilette und sagte, als er an Bord zurückkam: „Du glaubst nicht, wo ich gerade war!“

Doch, ich glaubte es – und ich ging selbst auch hin. Was ich jedoch bei meiner Rückkehr nicht berichtete, war, dass ich für den Abend für die ganze Mannschaft einen Tisch reserviert hatte, und das war am Ende des Tages die Überraschung!

Das barocke Gebäude liegt vis-a-vis von der Ville close, der zur Festung ummauerten Altstadt von Concarneau. Unverkennbar sind die weinroten Markisen. Zum Platz hin gibt es ein Bistro mit Stühlen davor – von dort kann man durchgehen ins Restaurant. Oben drüber befinden sich in vier Stockwerken, zwei davon schon unter dem Dach, die Hotelzimmer des L’Amiral.

Es gibt ein Simenon-Menü, es gibt natürlich Moules frites und das von Dupin so heißgeliebte Entrecote. Ich wähle als Vorspeise La Coquille – überbackene Austern, ein Gedicht … aber dann lasse ich mich für den Hauptgang doch zu dem Fleischklassiker hinreißen, und ich bereue es nicht. Vielleicht etwas unpassend, weil wenig landestypisch, trinke ich dazu einen Côte du Rhone, weil es mein Lieblingswein ist. Auf den Dupin-Espresso hinterher verzichte ich.

Ach, ja – die französische Küche. Genießen wie Gott in Frankreich. Immer wieder wird sie von den Gästen hochgelobt. Doch wenn man es kurz analysiert, ist es mit den Pasta Gerichten in Italien, dem Oktopus in Griechenland, den Meeresfrüchten in der Türkei, den Opatja-Grilltellern in Kroatien, der Paela in Spanien oder dem Couscous in Nordafrika ganz ähnlich. Überall an den Gestaden des Mittelmeers kann man die mediterrane Küche in all ihren Facetten genießen. Selbst an der Atlantikküste.

Argonauten

Argonauten haben nichts mit Astronauten zu tun, es klingt nur ähnlich. Die Sage von Jason und den Argonauten ist älter als die Odyssee, aber nicht minder spannend. Es geht um Machtstreben und Verrat, um nicht gehaltene Versprechen, um Rache, die auf dem Fuß folgt, um Intrigen und um die Suche nach beziehungsweise den Raub von etwas Kostbaren. Wer es besitzt, wird belohnt.

All dies angereichert mit Flüchen und Orakeln der Götter, die bisweilen hilfreich sind, aber auch öfter mal Steine in den Weg legen.

Aufgeschrieben hat diese Sage nach älteren Überlieferungen ein gewisser Apollonios von Rhodos. Der ist zwar in Alexandria geboren, verbrachte aber die meiste Zeit seines angeblich achtzig Jahre währenden Lebens als Schriftsteller auf der Sonneninsel. Das geschah im 3. Jahrhundert vor Christus. Und sein Hauptwerk sind eben jene Argonautika, sozusagen die Erzählversion der Argonautensage als Epen in vier Büchern.

Sie handeln – man möge mir die Analogie durchgehen lassen – vom abenteuerlichen Segeltörn einer Gruppe berühmter griechischer Seefahrer unter dem Kommando von Kapitän Jason. Mit dem sagenhaft schnellen Schiff Argo geht die Fahrt von Attika (vielleicht vom griechischen Volos) aus durch die nördliche Ägäis nach Lemnos, ins Marmarameer durch die Dardanellen und den gefährlichen Bosporus ins Schwarze Meer an die Küsten des heutigen Georgien. Dort, an den Hängen des Kaukasus, will man das Goldene Vlies aufspüren und nach Hause bringen.

Das Goldene Vlies haben wir uns vorzustellen als ein sehr kostbares Widderfell, das den Griechen heilig ist und ihnen einst gestohlen wurde, weshalb es nun von den Argonauten zurückgebracht werden soll. Im Erfolgsfall soll Jason mit dem Thron belohnt werden. Aber schon dies ist nur eine List, um ihn loszuwerden, geht sein Auftraggeber doch davon aus, dass Jason von der „Reise ans Ende der Welt“ niemals zurückkehren werde.

Tut er aber. Und zwar auf dem Wasser- und Landweg, erst die Donau hinauf, dann durch die Adria und das Ionische Meer via Korinth. Auf dieser ebenfalls als Irrfahrt bezeichneten Reise müssen die Helden allerhand Prüfungen und Abenteuer bestehen wie bei der Odyssee, einige bleiben sogar auf der Strecke.

Im Gegensatz zu der Reise hat Apollonios von Rhodos leider das sagenhafte Boot Argo nicht sehr ausführlich beschrieben, das von einem geschickten antiken Schiffsbauer namens Argos gezimmert wurde und der Crew wie dem gesamten Unternehmen den Namen gab. Die Argo soll mit fünfzig Rudern und einem Riesensegel ausgestattet und eines der ersten Schiffe mit Rammsporn gewesen sein.

Bastia

Von der Südwestspitze Elbas aus wagen wir den großen Schlag rüber nach Korsika: Fünfunddreißig Seemeilen sind es bis Bastia, für die wir bei mäßigem Wind und wenig Welle rund fünf Stunden benötigen. Zwischendrin hissen wir unter Absingen der Marseillaise die Flagge des neuen Gastlandes. Und laufen unter Motor – statt Hackwind gibt es Obstsalat. Unser Funkspruch mit Anmeldung beim Hafenmeister zahlt sich aus – er positioniert uns im Vieux Port zentral und dennoch abseits vom Touristentrubel. Das Fischrestaurant La Baracude ist empfehlenswert!

Landgang in Bastia. Der Hafen, die Kathedrale, die Leuchttürme, die Geschäfte und ganz viel französisches Flair. Dem dolce far niente folgt das laissez-faire. Wir leben in den Tag hinein, noch den Hinweis des Hafenmeisters im Ohr, vor vierzehn Uhr komme sowieso kein rechter Wind auf.

Danach umso mehr. Etwa auf halber Strecke zur ehemaligen Gefängnisinsel Capraia, die wir mit Kurs Nordost nach 30 Seemeilen erreichen wollen, erwischt uns der Mistral. Er wird ums Cap Corse abgeleitet und frischt dann richtig auf. Sturm der Windstärke 6 bis 7, dann gute 8. Wir reffen immer mehr Tuch, und nur mit der halben Genua machen wir zuletzt immer noch 8,5 Knoten Fahrt.

Die Hoffnung, dass die enorme Krängung der Yacht im Windschatten des Südkaps von Capraia nachlassen wird, zerschlägt sich. Hier erledigen Fallböen den Rest. Die See ist aufgewühlt. Doch als wir in den beschaulichen Hafen der autofreien Ziegen-Insel einlaufen, die übrigens als Mekka für Naturfreunde und Wanderer gilt, ist der Spuk vorbei. Bougainvillea, die die Hauswand über mehrere Stockwerke hochranken, entschädigen das Auge.

Und dann wieder das mediterrane Essen, eine Mischung aus französischer Haute Cuisine und Mamas italienischer Pasta. Dazu Weine, zu wertvoll für den Export nach Mitteleuropa – recht haben sie. So etwas muss man einfach vor Ort genießen!

Belle-Ile-en-mer

Natürlich lassen sich Segel-, Bade- und Wanderurlaub miteinander verbinden, man muss nur die richtigen Ziele finden. Zum Beispiel die Belle-Ile in Westfrankreich, mit 84 Quadratkilometern die größte bretonische Atlantikinsel, unwesentlich größer als Föhr – und wie der Name schon sagt „die schönste" obendrein. Wir wollen zu Fuß gehen, auf dem Sentir cotier, dem Küstenwanderweg rund um die Insel.

Er beginnt hinter der alten Zitadelle, der mächtigen Befestigungsanlage von Le Palais, in nordwestlicher Richtung. Zunächst etwas beschwerlich. Jeder Einschnitt, jede Bucht muss umwandert werden, zum Teil auf und ab, hinunter zu kleinen Stränden, von denen es rund um die Insel etwa 60 gibt, neben den großen bewachten Badestränden auch kleine verträumte Sandhaufen zwischen zwei Felsen. Manche davon sind sogar nur mit dem Boot zu erreichen.

Alles ist hervorragend ausgeschildert, man kann sich gar nicht verlaufen. Wir umrunden die Insel gegen den Uhrzeigersinn und haben rechterhand immer Atlantikbrandung. Nach knapp drei Stunden oder 13 Kilometern erreichen wir Sauzon, den Ort, der das Postkartenmotiv für die Belle-Ile liefert. Boote dümpeln an Bojen vor malerischer Kulisse mit buntgestrichenen Häuschen. An der Landspitze das Hotel du Phare mit dem grünweißen Leuchtturm auf der Kaimauer. Pünktlich zur Mittagszeit sitzen wir im Restaurant Le Cale. Das Tagesmenü bietet sechs Austern oder Fischsuppe, Kabeljaufilet und creme brulée breton, dazu einen kalten Rosé.

In der Bucht hinter dem Cap Cardinal hat ein Kajak-Verleih seine Basis – man könnte also die restliche Wanderetappe genauso gut paddeln. Die kommenden fünf Kilometer bis zur Nordspitze der Insel, für die wir etwa neunzig Minuten benötigen, werden von Kennern als der romantischste Pfad bezeichnet. Kiefernwäldchen wechseln mit hüfthohem Farn, Riesenhortensien, Tamarisken und Strandginster. Die Szenerie wird komplettiert mit fantastischen Ausblicken auf den Küstenstreifen, das Meer und am Horizont die Halbinsel von Quiberon, bei guter Sicht sogar bis zur Insel Goix.

An der Pointe des Poulains angelangt, bewundern wir den Leuchtturm, der wie eine weiß-rotgetünchte Kapelle anmutet. Hier schlägt der Atlantik mit meterhohen Wellen ein, an diesem Sommertag allerdings nicht so heftig. Einige Mutige wagen sogar das Bad in der Brandung.

Sarah Bernhardt, die französische Schauspielerin um 1900, damals so berühmt wie Catherine Deneuve heute, hatte hier an der Nordspitze der Insel ihr Domizil zu einem Künstlertreff gemacht und als Naturreservat erhalten. Westlich davon liegt ein Golfplatz. Im „Clubheim", der so genannten Ferme du Sarah, nehmen wir den Nachmittagskaffee mit Crepes suzette.

Tags drauf auf dem Programm: Die Cote Sauvage, die wilde Küste. Claude Monet hat die malerischen Felsen zigmal auf Leinwand gebannt. Dann das Naturschutzgebiet des Traumstrandes vom Dommant, der es eigentlich Wert gewesen wäre, aus den Kleidern zu springen. Außerdem der Vorzeigeleuchtturm Le Goulphar, den man besichtigen und besteigen kann (und sollte) und der diesen Küstenabschnitt überragt.

Port Coton (Baumwollhafen), der so heißt, weil die Gischt hier Schaumkronen durch die Lüfte weht, als seien sie Baumwollflocken, ist Standort der Luxusherberge Casa Clara. Wir picknicken mit dem Song von Zaz auf den Ohren.

Bangor, den Ort etwas weiter im Inselinneren, lassen wir links liegen. Aber an der Plage du Herlin ist es nach heutigen dreißig Kilometern dann endgültig so weit: raus aus den Klamotten und rein ins Meer. Unser erstes Bad im Atlantik. Lufttemperatur sechsundzwanzig Grad, Wasser sechzehn.

Am dritten Tag steigen wir in Herlin wieder ein. Wir wollen das Südostende der Insel mit dem Ort Locmaria umrunden. Wie gestern ein Sonnenweg, Wald gibt's hier wenig, die Ebene oberhalb der Felsen ist nur mäßig bewachsen, dahinter Landwirtschaft und immer wieder diese hübschen weißen Häuser mit den Kamingiebeln. Die Sehenswürdigkeiten im Südteil der Insel sind eher rar. Auch der Ort Locmaria selbst enttäuscht uns, weil die Tage zuvor so spektakulär gewesen waren.

Einzig die Pfarrkirche Notre-Dame de Bois Tors (Unsere Liebe Frau des krummen Holzes) wartet mit einer schönen Geschichte auf. An ihrer Decke hängen Schiffsmodelle, gestiftet von Schiffbrüchigen, die gerettet wurden. Der Begriff „Kirchenschiff" bekommt eine ganz neue Dimension. Als holländische Piraten einst einen Baum vor dem Gotteshaus fällten, um aus ihm einen neuen Mast für ihren Segler zu machen, habe Maria, sagt man, ihn verbogen und verkrüppeln lassen und so einen Teil der Bretagne vor räuberischen Freibeutern bewahrt.

Wir freuen uns auf „Les Grandes Sables", die riesigen Sandstrände der Ostküste, wo wir noch einmal baden wollen. Dann geht es weiter die Ostküste entlang bis zu den Festungsmauern von Le Palais. Immer wieder Buchten, Strände, Wäldchen – herrlich und einsam. Plage de Port Guen zieht sich seicht weit ins Land hinein, Plage de Bordardoue ist erneut ein Fotomotiv, wir sammeln Muscheln, genießen die Brandung.

Die Inselrunde ist 90 Kilometer lang. Am Abend wieder Meeresfrüchte – das Leben ist schön!

Bermudadreieck

Das Bermudadreieck ist ein Seegebiet im westlichen Atlantik vor der Küste Floridas bis hinunter nach Puerto Rico.

Es hat zweifelhafte Berühmtheit erlangt durch das unerklärbare Verschwinden von Schiffen, Flugzeugen und Menschen, was zahlreiche Verschwörungstheorien, mystische Spekulationen und abenteuerliche Geschichten nach sich zog. Tatsächlich betrachtet und statistisch gesehen ist es dort nicht zu mehr Unglücksfällen und Unfällen gekommen als andernorts auch. Noch tatsächlicher aber gilt der Grundsatz: Traue keiner Statistik, die du nicht selbst gefälscht hast!

Fakt ist: Am Ende des Zweiten Weltkrieges verschwand im Bermudadreieck eine ganze Fliegerstaffel bei einem routinemäßigen Trainingsflug, die ausgeschickte Suchmaschine kam ebenfalls nie zurück.

Im Bermudadreieck verschwanden Frachtschiffe und Segelboote auf unerklärliche Weise, nicht einmal Wrackteile wurden gefunden. Funksprüche, kurz vor Verschwinden abgesetzt, stimmten nicht mit der tatsächlichen Position überein, konnten nicht stimmen. Ob irgendetwas den Kompass abgelenkt oder eine andere Kraft irreführend eingewirkt hatte, konnte nicht ausgemacht werden.

Das Rätsel bestand solange, bis Meeresforscher auf dem Grund des Polarmeers nördlich von Norwegen Krater fanden, die Methangas enthalten. Wenn sich eine solche große Methangasblase aus dem Krater löst und – da leichter als Wasser – zur Oberfläche drängt, erzeugt sie eine Sogwirkung, die Wassermassen und vermutlich sogar den Luftraum darüber kurzfristig nach unten zieht. Man muss sich das so vorstellen, dass man quasi in einen riesigen Strudel hineingerät und von ihm verschlungen wird.

Wenn Schiffe dabei nicht gänzlich volllaufen und sinken, tauchen sie wieder auf … nur die Besatzung fehlt. Diese Schiffe treiben dann als Geisterschiffe herum und geben Rätsel auf. Eine derartige Strudelbildung halten Meeresforscher auch im Bermudadreieck für möglich.

Bermudadreieck als Verschwindens-Metapher. Als mich mein Chef neulich mal wieder antanzen ließ, weil er angeblich eine Ausarbeitung immer noch nicht erhalten hätte, die ich doch schon vor Wochen bei ihm eingereicht hatte, wagte ich zu erwidern, vermutlich sei das Papier – wie schon öfters der Fall – im Bermudadreieck seines Vorzimmers verschwunden oder abgetaucht … Ich flog achtkantig hinaus.

Bilge

„Die Bilge als der tiefste und unordentlichste Punkt eines Schiffes muss alles aufnehmen, was nach unten fließt, nicht anders als die Rinnsteine einer Stadt, in welchen Exkremente und Abfälle sich sammeln.“ So jedenfalls stellt es der niederländische Pietist im Jahr 1701 dar, den Meinrad Braun zum Titelhelden seines lesenswerten Romans „Die abenteuerliche Reise des Pieter van Ackeren in die Neue Welt“ gemacht hat.

Diese Reise führt den jungen Mann von Amsterdam nach Sint Eustacius und weiter nach Para Maribo in Suriname, auf eine Irrfahrt durch den Dschungel des Karibikfestlandes, nach Curacao und zurück in die Heimat, hin und her geschubst von Bootsleuten, Sklavenhändlern, Soldaten, Indianern, Spaniern, Engländern und Landsleuten, Missionaren und orthodoxen Christen, hilfreichen Juden und manch redlichen, oft auch zweifelhaften Helfern. Eine wunderbare Abenteuerlektüre zur See und in fremde Welten, die die Freude über die Exotik mit der unerbittlichen Brutalität der Fremde mischt.

Zurück zur Bilge, in der Pieter van Ackeren als Gefangener schuften muss: „Nicht nur die schwere Arbeit, auch sein körperliches Unvermögen, kenntlich gemacht durch den mageren Bau seines Oberkörpers, welcher in anderen Umständen als asketisch hätte gelten können … Hier jedoch unter den Matrosen, wo

Muskeln einen Mann befähigten, das harte Leben zu meistern und die Härte anderer zurückweisen zu können, hier galt er auf den ersten Blick als ausgewiesener Schwächling."

Und da Schwächlinge auf Schiffen herhalten müssen für allerlei, hätte auch van Ackeren nach der dritten Ablösung von der Pumpe das Schicksal des Huhns gedroht. So nannte man auf den Großseglern diejenigen, die in einem dunklen Winkel des Schiffs schuften mussten – nicht selten im „Umkreis der stinkenden Bilge, die damit auch im übertragenen Sinne als ein Ort der Niedrigkeiten gelten musste."

Bootsmannstuhl

Zu wenig Platz im Cockpit? Weil Besuch gekommen ist? Da zeigt sich der Käpt'n großzügig und bietet an: „Setz' dich doch auf den Bootsmannstuhl!" Da wollte er die Landratte, die da sein Schiff betreten hat, in den April schicken, oder sagen wir es deutlicher: verarschen!

Der Gast aber reagiert ganz anders: „Der Bootsmannsstuhl steht mir nicht zu, da dürfen sich bestimmt nur echte Seefahrer draufsetzen!" Stimmt, denn einen Mann in den Schiffsmast hochzuziehen, gehört in der

Sport- und Berufsschifffahrt zu den verantwortungsvollsten Arbeiten. Der Bootsmannstuhl ist eher ein Brett, auf dem man Seeleute beispielsweise an der Bordwand rauf und runter oder den Mast hoch in die Takelage hineinmanövrieren kann, um sie dort arbeiten zu lassen.

Um in der Takelage oder am Schiffsmast Reparaturen oder Wartungsarbeiten durchführen zu können, etwa wenn ein Fall aus der Rolle gesprungen oder hochgeschnellt ist, muss ein Mann der Schiffsbesatzung hochgezogen werden. Auf Yachten werden dabei kaum noch Bretter, sondern spezielle Hosen (im Notfall Segeltuch) mit Gurten verwendet. Die Sitze haben Laschen und Taschen für Werkzeug und Ersatzteile. Der „Stuhl“ wird mit einem Fall oder Jolltau in den Mast gezogen. Nach unten sollte er mit einem Halteseil gegen zu starkes Schwingen gesichert sein. Das Fall wird in den Tragegurt eingeklinkt. Er sollte über die Taille hinausgehen, um den Schwerpunkt tief zu halten und ein Herausfallen zu verhindern. Oben im achtzehn Meter hohen Mast befindet man sich oft in schwindelerregender Höhe – der Blick hinunter aufs pechschwarze Wasser ist dann doppelt so tief wie vom Zehnmetersprungturm im Freibad.

Auch beim Einsatz von Winschen, mit dem der Mann per Bootsmannstuhl hochgekurbelt wird, sind mindestens zwei Besatzungsmitglieder nötig. Auf Motorschiffen ist die Arbeit leichter.

Für das Pönen und Rostklopfen an der Bordwand sitzen sogar oft mehrere Männer auf einem langen Brett. Ein XL-Bootsmannstuhl.

Bretonenshirt

Der berühmte, langarmige, gestreifte Pullover, der im Französischen auch Marinière oder Trikot Rayé genannt wird, war zunächst die typische Bekleidung französischer Marinematrosen. Weil viele Seeleute in der französischen Marine aus der Bretagne stammten und auch heute noch die weltbesten Segler meist Bretonen sind, wird dieses Hemd mit horizontalen blauen und weißen Streifen Bretonen-Shirt genannt.

Per Dekret vom 27. März 1858 wurde es zur offiziellen Marineuniform genormt. Ein echtes Marinière hat demnach vorne und hinten abwechselnd zwanzig weiße und ebenso viele marineblaue Querstreifen zu haben, wobei die weißen zwanzig und die blauen zehn Millimeter breit sein sollen. Die Dreiviertelärmel dürfen nicht länger als die der Überjacke sein, und der aufgeweitete Kragen muss den Hals erreichen. Die Matrosen sagten damals, dass die Streifen es leichter machten, Männer zu erkennen, die über Bord gegangen waren.

Obwohl Marineprodukt, hielt das Bretonen-Shirt schnell Einzug in die Modewelt, und zwar Dank Coco Chanel. Sie war es, die sich während ihrer regelmäßigen Urlaube am Meer von den einheimischen Seeleuten inspirieren ließ. Ihren "Navy Style" startete sie erfolgreich in Deauville in der Normandie. Dabei setzte sie die Emanzipation der Frauenkörper und die praktische Seite ihrer Kreationen fort, indem sie in der Zeit der Entbehrung einfaches Trikotgewebe benutzte. Coco Chanels Marinière wurde ein weitverbreiteter Luxusartikel, den Jean Seberg und Brigitte Bardot ebenso trugen wie John Wayne, Pablo Picasso, Jean Cocteau und Marcel Marceau. Später griffen es nahezu alle bedeutenden Modeschöpfer für ihre Kollektionen auf.

Calypsotief

Wie tief ist das Mittelmeer? Ich hatte keinen blassen Schimmer. Einmal im Dodekanes westlich von Kalymnos setzte unser Echolot aus, das Tiefenmesser begann zu spinnen: Mal waren es über 200 Meter, dann wieder zwei. Solche Felsnadeln gibt es hier nicht, das weiß ich, sagte ich. Nachdem ich ein paar Schlangenlinien fuhr, manche würden auch Zickzackkurs sagen, stellte ich fest, dass sich eine riesengroße Wasserschildkröte unter unserem Kiel einen Schattenplatz gesucht hatte.

Also gut: Das waren schon mal mehr als 200 Meter. Aber an der tiefsten Stelle ist das Mittelmeer … 1.000 Meter tief? Es war in Urzeiten ja mal angeblich alles trocken dort. Der Klugscheißer, der mir gegenüber saß, wusste es besser: Mit 5.267 Metern unter dem Meeresspiegel ist das Calypsotief im südlichen Ionischen Meer westlich der griechischen Halbinsel Peloponnes die tiefste Stelle im Mittelmeer.

Im Fachjargon heißt das: Auf 36°34'N und 021°08'E schiebt sich südlich der Insel Zakynthos und des Ägäischen Inselbogens die afrikanische unter die eurasische Kontinentalplatte. Diese Subduktion ist die Ursache für den tiefen Meeresgrund.

Gehen wir jetzt mal Calypso auf den Grund: Da ist zunächst Musik in meinen Ohren, ein Tanz im Rumba-Rhythmus, ein Hauch Karibik und Harry Belafonte. Dann eine weibliche Gestalt der griechischen Mythologie, eine Nymphe, dazu zahlreiche Kreuzfahrschiffe und schließlich das Forschungsschiff von Jacques-Yves Cousteau.

Mein Rätsel-Smutje legte noch einen drauf: Wie sähe die Welt aus, wenn wir das Wasser der Ozeane am tiefsten Punkt wie aus einer Badewanne ablaufen ließen? Den Weltmeeren den Stöpsel ziehen? Mit elf Kilometern Tiefe ist der Mariannengraben im Westpazifik der absolute Tiefpunkt im Wasser. Wenn man dort das Wasser ablässt, würden statt eines den Planeten umfassenden Weltmeeres zahlreiche Binnenmeere entstehen. Die europäischen blieben dabei weitgehend erhalten: Auslaufen würde nur die Nordsee.

Capri

Nach einem 70 Seemeilenschlag die Küste von Latium entlang erreichten wir Capri am Abend, als es schon dunkelte. Zuvor drehten wir uns ab Ischia immer wieder nach hinten, um die rote Sonne im Meer versinken zu sehen. Capri-Fischer wie die von Rudi Schuricke oder Vico Torriani waren keine mehr unterwegs.

Ich setzte den Funkspruch in die Hafenkommandantur ab und fragte, ob noch ein Liegeplatz frei wäre. Sehr gern, 270 Euro pro Nacht. Danke! Ich gab dem Steuermann das Kommando zum Wenden. Wir gingen etwas abseits des Ortes vor Anker und überlegten, die gesparte Liegegebühr für die Marina besser in ein feines Abendessen zu investieren – aber für eine sechsköpfige Crew gibt es auf Capri selbst für diese Summe nicht besonders viel. Capri – die vielleicht bekannteste Insel der Welt? Mit Sicherheit die überschätzteste. Wir ruderten an Land. Zwei Hügel. Capri touristisch, Anacapri ziemlich unberührt. Unten an der Kaimauer der Tagestouristen-Overkill jener, die mit Ausflugdampfern rübergekommen sind, von Sorrent, Amalfi, Positano. Schlangestehen am Funiculare, der Seilbahn, die uns ins Oberdorf bringt. Auch oben wieder Himmel und Menschen, jedoch fantastische Blicke über den Golf von Neapel.

Und dann das Wunder: Du gehst in eine der unzähligen Gassen, die von einem Platz in alle möglichen Richtungen abzweigen, und bist plötzlich für dich ganz allein. Fußwege zwischen weißgekalkten Mauern. Hier und da die schöne Lücke in einen Garten. Und wieder Reisegruppen mit Führungen in allen Sprachen, die alle paar Meter haltmachen und etwas erklären – denn Historie gibt's hier viel. Ich schließe mich einer Gruppe an und erfahre, wer schon alles hier war. Die Liste derer, die Capri noch nicht gesehen haben, müsste kürzer sein!

Dann plötzlich eine Aussichtsplattform an der anderen Inselseite (ohne es zu merken, habe ich Capri spazierend überquert). Ein Panorama zum Niederknien, zweifellos. Der kleine Strand am Porto Piccolo, die Villa der Loren, die Faraglioni-Felsnadeln vor dem Anwesen von Krupp. Auf Felsvorsprüngen die Villen von Pasolini und Axel Munthe.

Wir entscheiden uns für eine Inselrundfahrt unter Motor und sehen uns alles noch einmal von der Meerseite aus an. Und erliegen dann doch dem italienischen Charme des *dolce far niente*!

Chittagong

Chittagong ist Synonym für das Ende der Schifffahrt. Was dort geschieht ist nicht nur uferlos, ausufernd, sondern auch bodenlos, eine bodenlose Frechheit. Chittagong liegt an der Küste des Golfs von Bengalen und ist einer der größten Schiffsfriedhöfe der Welt. Ausgediente Ozeanriesen werden dort sozusagen von Hand abgewrackt. Eine sehr harte, lebensgefährliche Arbeit. Die Fotos sind bedrückend. Im Abstand von 30 bis 50 Metern sind alte Öltanker und Containerschiffe bugvoraus auf den Strand gefahren, und ameisengleich wuseln auf und unter ihnen Hunderte von Menschen ohne jegliche Schutzkleidung im Schlamm und Dreck herum und nehmen die Wracks auseinander.

Wenn Schiffe in der industrialisierten Welt ausgeschlachtet werden, gelten dafür strenge Bestimmungen – und es ist teuer. Deshalb findet das Abwracken vor allem in Bangladesch, Indien und Pakistan statt. Hier sind Löhne niedrig, und es gibt kaum Kontrollen. In Chittagong bringt ein durchschnittliches Abwrackschiff angeblich im Laufe von drei oder vier Monaten eine Million Dollar Gewinn ein, sofern ein Großteil des Materials wiederverwertet wird.

In National Geographic ist zu lesen:

„Der Prozess beginnt damit, dass eine Abwrackfirma ein ausgedientes Schiff von einem internationalen Makler erwirbt. Sobald es am Strand anlandet, werden alle Flüssigkeiten abgepumpt – Dieseltreibstoff, Maschinenöl, Chemikalien zur Brandbekämpfung – und verkauft. Dann werden der Antrieb und alle Ausrüstungsgegenstände ausgebaut und an Händler verscherbelt: Gewaltige Maschinen, Batterien, Generatoren und etliche Kilometer Kupferleitungen, aber auch die Mannschaftskojen, Bullaugen, Rettungsboote und elektronischen Anzeigeinstrumente der Brücke.

Sobald das Schiff nur noch aus seiner stählernen Hülle besteht, zerlegen Schwärme von Arbeitern aus den ärmsten Regionen Bangladeschs das Skelett mit Schneidbrennern in bewegliche Stücke. Diese werden von Trägern zum Ufer geschleppt, dann eingeschmolzen und zu Betonstahl für Baustellen verarbeitet."

Corryvreckan

Im Abgang lang und tief – einem solchen Strudel möchte man als Segler nie begegnen. Und im Grunde verkostet man Whisky ja auch lieber daheim am Kaminfeuer als auf hoher See. Corryvreckan verbindet beides: Ein teuflisches Unterwasserphänomen und eine hochprozentige Gaumenfreude.

Die Straße von Corryvreckan ist mit einer Länge von wenigen Seemeilen in Ost-Westrichtung eine

Meerenge in Schottland nördlich der Hebrideninsel Jura. An ihrer engsten Stelle ist sie nur etwa eine Kabellänge entfernt von der Nachbar-Insel Scarba. Der Name stammt aus dem Gälischen und bedeutet so viel wie „Kessel des gefleckten Meeres“.

Die berühmte Destillerie Ardbeg auf der Isle of Islay nennt eine sehr hochprozentige Whiskyabfüllung Corryvreckan. Dieses Meeresphänomen ist einer der stärksten Strudel der Welt. Sein Ursprung ist den topographischen Gegebenheiten geschuldet: Vom Boden der Meerenge, aus etwa zweihundert Metern Tiefe, wächst ein pyramidenförmiger Fels bis etwa achtundzwanzig Meter unterhalb der Meeresoberfläche. Bei einsetzender Flut strömt Wasser von Süden kommend durch den Jura-Sund, wo es im Norden nur durch wenige Meerengen wieder abfließen kann.

Der entstehende Wasserdruck verursacht eine starke Strömung nach Westen von etwa acht Knoten mit so extrem lauten Geräuschen, dass sie kilometerweit zu hören sind. Wird den bei Ebbe nach Westen ausströmenden Wassermassen ein starker Westwind entgegengesetzt, so türmen sich bis zu fünf Meter hohe Wellenberge auf. Dieses Naturschauspiel ist als Great Race bekannt. Mit seinen 57,1% vol ist der Single Malt Corryvreckan von Ardbeg der Inbegriff des ungezähmten Charakters dieser schottischen Inselwelten. Intensiver Rauch, Teer und dunkle Schokolade, verbunden mit Johannisbeeren, braunem Zucker und erdigen

Noten, bilden sein unverwechselbares Aroma. Entsprechend mächtig ist sein Geschmack mit Pfeffer, Seetang und Espresso. Es folgen dunkle Früchte und Sternanis. Im Abgang wirkt er (wie gesagt) lang und tief mit Rauch und Pfeffer. Da brauchst du keinen Zigarillo mehr!

James Cook

Am 18. Januar 1778 entdeckte der britische Seefahrer als erster Europäer die Insel Hawaii. Zu diesem Zeitpunkt hatte der Offizier seiner königlichen Majestät schon zwei ausgedehnte Südsee-Expeditionen hinter sich. Anderthalb Jahre vor dieser Entdeckung war der leidenschaftliche Segler mit Auftrag der Royal Navy die Nordwestpassage zu finden in Plymouth gestartet.

Das Schiff namens Resolution, das war eigentlich allen Beteiligten bekannt, befand sich keineswegs im einwandfreien Zustand – trotzdem hielt es lange durch. Cook segelte in die Südsee und beobachtete nahe Tonga zu Weihnachten 1777 eine Sonnenfinsternis. Deshalb nannte er die Koralleninsel, die er nördlich des Äquators fand „Christmas Island", heute Kiribati.

So erfolgreich die nüchterne Auflistung seefahrerischer Leistungen zunächst auch klingen mag, so folgenschwer erweisen sich im Nachhinein Entdeckungen für die Fragilität des Unberührten. Auf diese Weise betrachtet ist das Schicksal von James Cook ein Paradebeispiel missglückter interkultureller Kommunikation.

Missverständnis Nummer 1 ist sicher das Bestreben so genannter Herrenvölker, hier der Europäer, sich die gesamte Welt Untertan machen zu wollen. Missverständnis Nummer 2 der Umstand, dass die Hawaiianer Cook vermutlich als ihren Gott „Lono" ansahen, von dem sie glaubten, dass er eines Tages über das Meer zu ihnen kommen werde. Missverständnis Nummer 3, dass man jedem, der einem (gast-)freundlich begegnet, alles nehmen kann.

Verständlicherweise genossen die Matrosen nicht nur das Leben in dem Südseeparadies, die exotische Nahrung, die Getränke, das angenehme Klima, sondern vor allem auch die ungewohnte sexuelle Freizügigkeit der Bevölkerung. Alles Angenehme muss irgendwann ein Ende haben!

Als am 14. Februar 1779 eines von Cooks Beibooten gestohlen wurde, ließ Cook den Häuptling deswegen in Geiselhaft nehmen, es kam zu einem Handgemenge. Cook verlor für einen Moment die Nerven und schoss in die Menge. Es kam zu einem Tumult. Schüsse krachten, tödliche, verhängnisvolle Schüsse, Kanonendonner grollte in der Bucht. Cook stand im Chaos, da krachte eine Keule auf seinen Schädel nieder.

Ein einheimischer Hohepriester hatte sie geschwungen. Cook stürzte, Dolche wurden in seinen Rücken gestoßen. Der Kapitän lag im flachen Wasser, die Insulaner stachen wie wild auf ihn ein, und zwar mit Messern aus britischem Stahl, einst Gastgeschenke der Entdecker. Letztlich war James Cook Opfer eines kulturellen Missverständnisses geworden.

Crowhurst

Es ist immer ein Abenteuer und fordert meinen höchsten Respekt, wenn es jemandem gelingt um die Welt zu segeln. Noch dazu allein, als Einhandsegler. 1968 wurde das „Golden Globe Round The World Yacht Race“ ausgelobt, das den schnellsten Segler ermitteln sollte, dem es gelingt, alleine und nonstop den Globus zu umrunden, was bis dahin noch niemand geschafft hatte. Er sollte als neuer Segelheld gefeiert und einträglich vermarktet werden. Als Preisgeld warteten 5.000 Pfund.

Unter den neun Teilnehmern war der Elektroingenieur und Hobbysegler Donald Crowhurst (36) sicher der unerfahrenste. Er nahm teil, weil er das Preisgeld benötigte, um sein Geschäft zu sanieren und seine Familie zu ernähren.

Getrieben von einer tüchtigen Portion Hybris und an Wahnsinn grenzenden Mut, suchte der ansonsten keineswegs naive Erfinder Sponsoren und Kommunikatoren für sein Unterfangen und ging als letzter mit einem unfertigen Trimaran an den Start. Zahlreiche kleine Rückschläge schon zu Beginn der Fahrt – die Elektronik setzte aus, Wasser trat ins Schiff ein, Crowhurst wurde seekrank und verletzte sich – verführten ihn dazu, ein zweites Logbuch zu schreiben, in dem er seine virtuelle Siegesfahrt eintrug. Und er kämpfte mit Gewissensbissen: Sollte er als hoch verschuldeter Hochstapler aufgeben oder als Held in die Segelgeschichte eingehen? Crowhurst setzte unwahre Funkspruchmeldungen ab, über abenteuerliche Etmale, gefälschte Positionen und Geschwindigkeitsrekorde. „Mit jeder falschen Position segelte er weiter in sein Lügenlabyrinth", heißt es in einem Bericht. Er versteckte sich auf den Falklandinseln, wollte warten, bis die anderen, die am Kap der Guten Hoffnung, Kap Leuwin und Kap Hoorn vorübersegelten, an ihm vorbei waren und dann hinterher. Zu diesem Zeitpunkt waren allerdings nur noch zwei Konkurrenten im Rennen: Robin Knox-Johnston und Nigel Tedley. Letzterer fühlte sich von Crowhurst getrieben und erlitt Schiffbruch.

Crowhurst indes wurde wahnsinnig und beging Selbstmord. Am 10. Juli 1969 wurde sein Boot verlassen aufgefunden. Robin Knox-Johnston stiftete das Preisgeld für Crowhursts Witwe und dessen Kinder.

Später wurden über Donald Crowhursts Odyssee ganze Bücher geschrieben und Filme gedreht, zuletzt mit Colin Firth in „Vor uns das Meer“.

Curryklemme

Schon oft habe ich mich gefragt, was das eigentlich sein soll. Wir kennen den Kartoffelschäler, die Knoblauchpresse, den Apfelkern-Ausstecher – aber wie und seit wann klemmt man Curry?

Versetzen wir uns in die zwanziger Jahre des letzten Jahrhunderts und schauen einer Regatta auf dem Ammersee zu. Einem jungen, begabten Jollensegler dauern die Manöver zu lange. Ständig ist man am Knoten und Knotenlösen, wo man doch am liebsten einen Tampen oder eine Schot ganz schnell fixieren möchte und bei Bedarf ebenso schnell wieder lose werfen will.

Wie wäre es, wenn man sie kurz einklemmte in eine Konstruktion, die sich quasi selbst bekneift? Wie zwei durch eine Feder sich zusammendrückende regentropfenförmige Bremsbacken, zwischen die man das Seil einfach einklemmt – und genauso mit einem einzigen Handgriff wieder löst – so sieht diese Vorrichtung aus. Und sie funktioniert. Aber warum heißt sie Curryklemme?

Ganz einfach. Weil dieser erfindungsreiche Segler Curry hieß, Manfred Curry (1899–1953). Wir müssen uns diesen genialen Regattasegler als ehrgeizigen, gutaussehenden, intelligenten und vermögenden Dandy vorstellen, der auf dem Wasser so ziemlich jeden Pokal gewann. Fans, die mitgezählt haben, sprechen von fast 1600 Trophäen.

Aber Dr. Manfred Curry hatte auch Neider, denn Neid ist der zuverlässigste Indikator für Erfolg. 1951, vor den österreichischen Staatsmeisterschaften am Wolfgangsee, hatten Unbekannte sämtliche Taue seiner Marion III zerschnitten und das Boot unglaublich beschmutzt. Gewinner des Goldpokals wurde die Mannschaft des veranstaltenden Union-Yachtklubs Wolfgangsee, der, um den Skandal zu entschärfen, eine Belohnung von 1000 Schilling (ca. 197 DM) für die Ergreifung der Täter aussetzte. Als Verursacher identifizierte die Polizei schließlich ein Mitglied der Siegercrew.

Ironie des Schicksals. Genauso wie die Tatsache, dass Manfred Curry, der eine ganze Reihe von Innovationen auf seinem Konto verbuchte, diese eine kleine Erfindung nicht wirklich selbst gemacht, sondern von einem amerikanischen Freund geklaut hatte, nämlich eben die nach ihm benannte Curryklemme.

Cutty Sark

John Willis promenierte voller Stolz am Ufer des Leven entlang, dort wo der Fluss in den Firth of Clyde mündet. Unüblich in mittelschottischen Gefilden ging er mit Spazierstock, und seinen Kopf krönte ein noch untypischerer hoher Zylinder. Ein weißer Zylinder. Man mag dem guten Mann eine gewisse Exaltiertheit unterstellen, müsste allerdings zugutehalten, dass drei Dinge für ihn sprachen:

Erstens war ihm als Londoner Reeder eine gehörige Portion Snobismus eigen, zweitens war er zuhause stets nur mit kurzem Unterhemd bekleidet (seine Gattin wünschte das so) und drittens trug er heute sein Haupt besonders hoch. Zu Recht. Es war der 25. November 1869 – und gerade war sein Schiff vom Stapel gelaufen. Dorothy, die Frau des Kapitäns G. Moodie, hatte es soeben auf den Namen „Cutty Sark“ getauft, was bei Lady Willis Entsetzen auslöste. Hatte Mrs. Moodie ihren Mann etwa auch im kurzen Hemdchen erblicken dürfen? Zur Rede gestellt behauptete Dorothy, die breites Lowland Scots sprach, den Namen aus Robert Burns Roman „Tam O'Shanter“ zu haben. Darin trage die schöne Hexe Nannie ein solches Cutty Sark, ein kurzes Unterhemd. Zum Beweis verwies sie auf die Galionsfigur, die eben jene Nannie im Kurzhemd darstellte. Und so rückte die durchaus berechtigte Eifersucht in den Hintergrund, wozu der im Schiffsbug eingravierte Sinnspruch ein Übriges tat – wenngleich manch Übelmeinende darin einen augenzwinkernden Kommentar hineinlesen mochten: „Wo ein Wille ist, ist auch ein Weg“, war dort zu lesen, als Wortspiel auf den Schiffseigner verpackt: „Where there's a Will…is a way.“

John Jock Willis kümmerte dies wenig. Seine „Cutty Sark“ war der Stolz in dieser Metropole des Schiffbaus. Fünfundachtzig Meter lang und elf Meter breit, mit knapp fünfzig Meter hohem Hauptmast und zwei nur wenig kleineren, die 3000 Quadratmetern Tuch, verteilt auf dreiundvierzig Segel, Halt gaben und damit den 2000 Tonnen schweren Klipper bis auf fast zwanzig Knoten Spitzengeschwindigkeit beschleunigen würden. Allen war klar, dass dies nicht nur das schnellste und großartigste Schiff seiner Zeit werden müsste, sondern ganz sicher auch das berühmteste.

Allerdings schwebte über der „Cutty Sark“ auch das Damoklesschwert des technischen Fortschritts. Nur wenige Jahre nach seiner Indienststellung für den Teehandel mit Indien und China gehörte es zum „alten Eisen“. Der Seeweg durch den Suezkanal verkürzte die Transportwege um die Hälfte der Zeit, zumal für die neuen Dampfschiffe.

Schließlich landete Cutty Sark auf einem eigenen Trockendock im Hafen von Greenwich als Museumsschiff. Dort kann es seit 2012 wieder besichtigt werden und ist heute weit mehr als nur ein maritimes Denkmal.

Dänische Südsee

Wir kreuzten von der Halbinsel Kulle bei Mölle nahe Angelholm in Südwestschweden mit Kurs auf Seeland. In Helsingör gingen wir vor Anker und besuchten das berühmte Kunstmuseum Louisiana in Humlebaek. Viel Chagall in den verglasten Pavillons und Großskulpturen von Louise Bourgeois auf dem Rasen der Parklandschaft am Hochufer, mit grandiosem Blick über das Meer.

Tags darauf machten wir einen langen Schlag Richtung Süd an Kopenhagen vorbei zur Insel Mön, deren Kreidefelsenküste imposanter ist als die auf Rügen. Etwas südlicher vor der Insel Falster fiel wenig später das Eisen vor dem Strand von Marielyst. Der Skipper wusste zu berichten, dass Franz Kafka dort einmal zur Sommerfrische war, um sich vom böhmischen Alltagstrott zu erholen, 1914, mit einem Freund. Auch, um die Auflösung seiner Verlobung zu überwinden. Nördlicher war er nie!

Ach ja, die dänische Südsee. Für deutsche Fahrtensegler ist sie das naheliegende Revier, mit zahlreichen Inseln voller Abwechslung und wunderschönen Häfen, wo man zumeist zwischen zwei Dalben mit dem Bug zum Kai festmacht. Und sich an Fischbrötchen oder Krabben mit Rührei satt essen kann.

In den 1990ern kreuzten wir hier ewig rum. Ich erinnere mich an einen sehr heißen Sommer, in dem es am Guldburg-Sund zwischen Falster und Lolland nicht mehr weiterging. Es war der Tag, an dem Michael Stich das Finale in Wimbledon gegen Boris Becker gewann. Die Klappbrücke bei Nyköbing ließ sich der Hitze wegen nicht mehr öffnen – wir saßen fest und sahen uns den schadenfrohen Rufen schwedischer Tennisfans und Motorbootfahrer ausgesetzt, die skandierten: Bumbum hat verloren, Bumbum hat verloren! Offenbar hatten sie schon vergessen oder immer noch nicht verwunden, dass ihr Stefan Edberg schon im Halbfinale ausgeschieden war!

Als wir wieder freigekommen waren, nahmen wir den Fehmarnbelt nach Nordwest auf Ærø zu, wo wir im Traditionshafen von Marstall ins Schifffahrtsmuseum gingen und auf Schritt und Tritt von Carsten Jensens Erfolgsroman „Wir Ertrunkenen" verfolgt wurden.

Tja, so ein Ostseetörn kann ebenso kulturell sein wie die Odyssee!

Delos

Der fünf Kilometer lange, ein Kilometer breite und maximal 110 Meter hohe Granitfelsen im Ägäischen Meer war in der Antike der Mittelpunkt der Welt, zumindest der hellenistischen.

Um Delos drehte sich alles. Es war seit dem dritten Jahrtausend v.Chr., also der frühen Bronzezeit, besiedelt. Die Inselgruppe der Kykladen bilden einen Kreis um Delos, deshalb heißt sie so.

Delos soll der Geburtsort von Apollon gewesen sein. Darum wurde die Gottheit dort verehrt, deshalb gab es dort ein viel besuchtes Heiligtum, und deswegen steht Delos seit 1990 als Weltkulturerbe unter dem Schutz der UNESCO. Wer auf die Karte guckt, hält das unscheinbare Inselchen für einen Vorort von Mykonos. In der Tat können Touristen und Kreuzfahrer Delos nur tagsüber kurz besichtigen. Außer den Ausgrabungsstätten gibt es dort nichts.

Doch von den berühmten Prachtbauten des Altertums sind nur noch wenige Reste erhalten: Die Trümmer des Apollontempels, des Theaters und Gymnasiums.

Über mehrere, vorchristliche Jahrhunderte hinweg war Delos der „Hauptsklavenmarkt der alten Welt". Und später kauften die Römer ihre orientalischen Sklaven für die Landwirtschaft auf Delos, weil sie sich so den Seeweg in den Orient sparen konnten.

Außerdem war Delos das finanzielle Zentrum der athenischen Bundesgenossenschaft, wo ab 477 v. Chr. die Bundeskasse aufbewahrt wurde. Ebenfalls im fünften Jahrhundert v.Chr. war die Insel wegen Ihrer Zollfreiheit neben Rhodos Mittelpunkt des Seehandels zwischen dem Schwarzen Meer und Alexandria.

Pilger führten reiche Opfergaben mit sich, wodurch der Tempelschatz ständig anwuchs und unermesslichen Wert besaß.

Auch generierte man Einnahmen durch die Verpachtung der Tempelgebäude. Es entstand eine Art Bank, die Anleihen gegen Zins vergab. Am Ende wurde Delos zum Zentrum des prosperierenden Ost-West-Handels zwischen Kleinasien, Syrien, Phönizien und Italien. Damit verlor es allmählich seinen Charakter als griechischer Stadtstaat mit Heiligtum und wurde stattdessen zum Geschäftszentrum einer internationalen Kaufmannsgemeinde. Wer heute zwischen den Steinresten herum stapft, schüttelt den Kopf und denkt an Hongkong, Las Vegas, Abu Dhabi, Katar oder auch Mallorca … in 2.500 Jahren.

Dionysos

Was soll ein Gott wie dieser in diesem Buch? Weil Dionysos jener des Weines, der Fruchtbarkeit, des Wahnsinns und der Ekstase ist? Gäbe es einen schöneren Grund? Weil er wie der uns allen liebgewonnene Segelsport ein Sorgenbrecher ist? Gäbe es einen plausibleren Ansporn?

Oder weil die meisten griechischen Restaurants Dionysos heißen? Kaum eine Stadt in Deutschland, die keine griechische Taverne gleichen Namens beheimatet. Mehr noch. Bei einem Besuch im nordgriechischen Palairos saß ich in einem Dionysos-Restaurant, dessen Wirtin und drei Söhne aus Hannover stammen.

Dionysos zu feiern hat aber auch mit seiner zweifelhaften Herkunft und den zahlreichen Anekdoten zu tun, die man ihm anheftete. So soll er, weil seine Geburt Schande über das Elternhaus gebracht hätte, zusammen mit seiner Mutter in einer Kiste eingeschlossen und ins Meer geworfen worden sein. Er überlebte.

Andererseits wird berichtet, dass die Nymphen, denen Zeus die Aufzucht seines Sohnes Dionysos anvertraute, von einem Thraker-König vertrieben wurden, so dass dem Kind keine andere Wahl blieb als ins Meer zu springen. In der Tiefe des Ozeans bot ihm eine Art Nixe Schutz an, bis er zum Jüngling herangewachsen war.

Seither hat Dionysos seinen festen Platz in den bekannten griechischen Mythen. Ariadne ist die Gattin des Dionysos. Sie war ursprünglich eine Sterbliche, bevor Dionysos sie – wie seine Mutter Semele – zur Göttin erhob. Und das kam so: In einer Höhle auf Kreta lebte ein Stierungeheuer, der Minotaurus. Der Held Theseus erbot sich, es zu besiegen, und um die Tat zu vollbringen, erhielt er von Ariadne ein Schwert und ein Garnknäuel.

Dafür musste er ihr versprechen, sie bei seiner Rückfahrt nach Athen als Braut heimzuführen. Theseus besiegt mit Ariadnes Schwert den Minotaurus und findet mit Hilfe ihres Fadens glücklich aus dem Labyrinth.

Alles, was mit Dionysos zu tun hat, trägt einen gewissen Aspekt des „rauschhaften Wahnsinns“. Bei den an Orgien erinnernden Riten des Dionysoskult wurden wilde Tiere zerrissen und gegessen und freie Liebe zwischen den Geschlechtern praktiziert.

Doch Dionysos war auch der Gott der Freude. Zu seinen Ehren wurde das Theater erfunden und der Prototyp einer Theaterbühne erbaut, in dem die so genannten Dionysiden stattfanden: Das Dionysos-Theater in Athen. Dionysos ist quasi alles!

Doggerbank

Die Doggerbank ist eine 300 bis 350 Kilometer lange und 120 Kilometer breite, nur etwa dreizehn Meter unter dem Meeresspiegel liegende Sandbank in der Nordsee. Sie bildet die nordwestliche Begrenzung der großen Deutschen Bucht.

Das Seegebiet liegt ungefähr auf der Höhe der englischen Grafschaft Yorkshire zwischen Middlesbrough und dem dänischen Ringköbingfjord.

Die Untiefe ist tropfenförmig, das schmalere Ende weist in Richtung Jütland.

Entstanden ist die Doggerbank wahrscheinlich als eiszeitliche Moränenbildung vor der damals deutlich nach Norden verschobenen Mündung des Rheins. Als sich während dieser Eiszeiten der Meeresspiegel bis zu 100 Meter tiefer und die Nordseeküste etwa 600 Kilometer weiter nördlich als heute befanden, lagen die Bank und die sie umgebenden Meeresgebiete trocken und bildeten das Doggerland. Auch der Ärmelkanal war bis auf seine westlichen Bereiche trocken, so dass eine Landverbindung zwischen England und dem Festland bestand.

An den niedriger gelegenen Gebieten zwischen beiden Landverbindungen an der Doggerbank und am Ärmelkanal (in der heutigen südlichen Nordsee) hatte sich ein Süßwassersee gebildet. Als in der Mittelsteinzeit um etwa 6500 v.Chr. die Kreidefelsverbindung zwischen den heutigen Städten Dover und Calais genug erodiert war, konnte das Wasser dieses Süßwassersees über den Ärmelkanal in den Atlantik abfließen.

Die Doggerbank wurde wahrscheinlich durch Tsunamis infolge der gewaltigen Storegga-Rutschung überspült. Die durch diese Rutschung von unterseeischem Schutt und Geröll ausgelöste Welle überrollte das ehemalige, nur wenige Meter über dem damaligen Meeresspiegel liegende Doggerland, was für seine Bewohner (Jäger und Sammler) verheerende Folgen hatte.

Nach Plänen der britischen Regierung soll die Doggerbank für die Windenergienutzung erschlossen werden. Geplant ist die Installation von etwa eintausendfünfhundert Windenergieanlagen mit einer Leistung von insgesamt rund neun Gigawatt zu einem der größten Offshore-Windparks (OWP) der Welt. Die Leistung entspräche der von sieben Kernkraftwerken.

Sir Francis Drake

Ich stehe an der Steilküste von Plymouth im südenglischen Devon und blicke übers Meer – rechts von mir der legendäre Smeaton Tower, die Mutter der Eddystone-Leuchttürme, und eine bronzene Poseidon-Skulptur auf Säule, links von mir der berühmteste Seefahrer des elisabethanischen Zeitalters, Francis Drake, ebenfalls in Bronze. Er ist als gefährlichster und erbittertster Gegner Spaniens in die Geschichte eingegangen. Obwohl er als Nautiker Großes geleistet hat und als Mitbegründer der englischen Seemacht gilt, muss man Drake aus heutiger Sicht aber eher als Freibeuter bezeichnen.

Um 1541 wird er als Sohn einer ärmlichen protestantischen Bauernfamilie in der Nähe von Plymouth geboren. Nachdem er zwanzigjährig die Seefahrerei bei seinem Vetter John Hawkins erlernt, unternimmt Drake zusammen mit ihm drei Expeditionen und lernt so, wie man mit Sklavenhandel Geld verdient. Mit dreißig Jahren raubt Francis Drake als Pirat den Iberern das, was diese auf ihren Fahrten nach Europa als erbeutete Schätze der Neuen Welt heimtransportierten: Gold, Kakao, Kartoffeln, Tabak. Mit Kaperbrief Ihrer Majestät plündert er quasi im Namen der Krone.

Königin Elisabeth I. beauftragt ihn 1577, den vermuteten großen Südkontinent, die sagenumwobene Terra Australis zu finden. Seine eigentliche Mission aber ist es, die spanischen Häfen an der Westküste Südamerikas zu plündern und deren Handel im Pazifischen Ozean zu stören. Als er am 26. September 1580, nach knapp drei Jahren, heimkehrt, hat er – vermutlich unbeabsichtigt – die erste Weltumsegelung als Kapitän vollbracht, denn Ferdinand de Magellan konnte seine Runde 1519 bis 1522 ja nicht lebend beenden.

Drake wird in den Adelsstand gehoben und erobert die Weltmeere. Sein glanzvollster Sieg gelingt ihm 1587/88. Er kesselt die berühmte und bis dahin mächtigste Flotte, die spanische Armada, ein und schlägt sie vernichtend. Auf seinem letzten Raubzug gegen Westindien erkrankt Sir Francis Drake an der Ruhr und stirbt am 28. Januar 1596 auf seinem Schiff vor Panama.

Nach ihm sind die Wasserstraße zwischen Kap Hoorn und der Antarktis (Drake-Straße) und die

Durchfahrt zwischen den Britischen Jungferninseln (Sir-Francis-Drake-Kanal) benannt. Ich drehe mich um und gehe in die berühmte Destille, wo ich einen echten Plymouth Dry Gin auf den erfolgreichen Kaper-Käpt'n trinke.

Dreimeilenzone

Der Begriff der Dreimeilenzone stammt aus dem Beginn der Neuzeit. Damals war die Frage der Freiheit der Meere umstritten. Ist das Meer für jeden da oder gehören die Ozeane in Interessenssphären aufgeteilt, von deren Nutzung man Dritte ausschließen könnte? Und wenn ja, wie? Die Geltung eines Rechts ist nur durchsetzbar, wenn der Staat auch die Möglichkeit hat, innerhalb der Hoheitsgewässer gegen Rechtsbrecher erfolgreich vorzugehen.

Ursprünglich orientierte sich die Breite der Hoheitsgewässer vor den Küsten des eigenen Ufers an der Kontrollierbarkeit mit Geschützfeuer von Land aus – nach der Überlegung „Die territoriale Souveränität endet dort, wo die Kraft der Waffen endet". Das entsprach der ungefähren Weite eines Kanonenschusses mit einheitlich drei Seemeilen (3 sm × 1,852 km = 5,556 km). So entstand die Dreimeilenzone.

An der Dreimeilenzone wird gegenwärtig nur noch von wenigen Staaten (z.B. USA) festgehalten. Besonders schwierig wird es dort, wo das Meer zwischen zwei Staaten weniger als zweimal drei Meilen breit ist. Etwa im Golf von Triest, wo Italien und Kroatien bei der genannten Entfernung aneinanderstoßen und Slowenien gar keine Dreimeilenzone ermöglichen. Von dem kleinen Küstenabschnitt Bosnien-Herzegowinas bei Neum hinter der kroatischen Halbinsel Pasman ganz zu schweigen.

Bislang wurde also die besagte Breite von drei Seemeilen (5.556 Metern) als eine Art Völkergewohnheitsrecht anerkannt. Verbindliche Rechtssicherheit ging damit jedoch nicht einher. Auf der 3. Seerechtskonferenz der Vereinten Nationen vom 10.12.1982 (Art. 3 des Seerechtsübereinkommens) wurde dann eine Erweiterung auf zwölf Seemeilen festgelegt.

El Hierro

Neulich bekam ich Reisepost eines Mitseglers: „Heute für Dich den westlichsten und höchsten Leuchtturm Spaniens erkundet.“ Ein modernes Betonhochhaus am Meer. Über 50 Meter hohe Pfeiler erinnern an die Basaltstruktur der Küste. Imposant. Aber ich stutze.

Weil die Post aus Teneriffa kam. Da gibt es doch noch etwas weiter westlich!

Klar, in der Antike waren die Kanarischen Inseln das Ende der Welt. Ptolemäus bestimmte um 150 n.Chr. den durch die Kanaren verlaufenden Meridian als Nullmeridian. Später präzisierte man diese Festlegung auf die westlichste Insel der Kanaren, El Hierro, heute ein UNESCO-Geopark.

Verwaltungspolitisch gehört die Insel zu Teneriffa, aber manch anderes schaffte Verwirrung. So wird auf antiken Landkarten die Insel als Ferro (Eisen) bezeichnet, ein Element, das dort gar nicht vorkommt und wahrscheinlich nur auf einer Fehlübersetzung ins Italienische oder Portugiesische beruht.

Trotzdem entstand der so genannte Ferro-Meridian, nach dem sich die geographischen Koordinaten zahlreicher Navigations- und Landkarten vom 16. bis ins 19. Jahrhundert richteten. Dementsprechend wurde El Hierro im Volksmund auch Isla del Meridiano oder Isla del Meridiano Cero genannt.

Erst als 1884 der Meridian von Greenwich als Nullmeridian international festgelegt worden war, begann die ursprüngliche Vorstellung vom Anfangs- oder Endpunkt der Welt zu schwinden.

Nicht so unbedeutend ist der tatsächlich westlichste Leuchtturm Europas auf Hierros Halbinsel Punta de la Orchilla. Er steht dort auf einem über hundert Meter hohen Lavafelsen seit 1933. Sein Licht strahlt fast fünfundzwanzig Seemeilen in den Atlantik hinaus. Der achteckige aus Vulkangestein gemauerte Turm trägt über einer Doppelgalerie eine Fresnel-Linse erster Kategorie. Orchilla übrigens ist eine spinnenartig aussehende schwarze Flechte, aus deren Extrakt ein purpurfarbenes Textilfärbemittel gewonnen wird. Dem ähnelt der Schimmer der ganzen Landschaft, nämlich wie von rostigem Eisen.

Eriesee

Der Eriesee ist der südlichste und viertgrößte der fünf Großen Seen Nordamerikas, durch den die Grenze zwischen den Vereinigten Staaten und Kanada verläuft. Zum Vergleich, er ist fast fünfzigmal so groß wie der Bodensee. Sein Name stammt von den Erie-Indianern, die dereinst an seinen Ufern siedelten. Gespeist wird der See durch den Detroit River, aber bekannter ist 350 Kilometer östlich seine Abflussstelle: die Niagara-Wasserfälle.

Die „Erie" soll ein Raddampfer, also ein Passagierschiff gewesen sein, das auf der US-amerikanischen Seite des Eriesees verkehrte, und zwar zumeist auf der Strecke von Buffalo (New York) nach Erie (Pennsylvania), eine Entfernung von knapp einhundertfünfzig

Kilometern, wozu das Schiff rund vier Stunden Fahrtzeit benötigte.

Versetzen wir uns in eine Sommernacht des Jahres 1841. Es sind nur noch zehn Seemeilen bis zum Ziel und es dämmert bereits, als ein Brand an Bord ausbricht. Offenbar hat eine Ladung von Terpentin und Farbe, die fahrlässigerweise zu dicht bei den Dampfkesseln gelagert wurde, Feuer gefangen. Zum Löschen ist es zu spät. Der Steuermann hält so gut er kann aufs rettende Festland zu. Durchhalteparolen werden ausgegeben. Doch es scheint vergebens. Von den rund 300 Passagieren und Besatzungsmitgliedern überleben nur 10 Prozent.

Natürlich war schon damals eine derartige Katastrophe Stoff für die Medien im In- und Ausland. Wobei die zahlreichen Presseberichte manchen Schriftsteller zur literarischen Verarbeitung angeregt haben, darunter auch Theodor Fontane. Er nimmt den Stoff als Grundlage für einen seiner berühmtesten Texte, der Generationen von Schülern für die Literatur begeisterte, mich eingeschlossen.

Das liegt an der Form des Erzählgedichts, der so genannten Ballade, die Elemente der Lyrik, Prosa und Dramatik vereint und gemeinhin außergewöhnliche Begebenheiten zum Inhalt hat. Unverkennbar das Herunterzählen der verbleibenden „Minuten bis Buffalo“, das jede Erzählphase abschließt. Durch diese Steigerung wird eine beklemmende Wirkung erzielt – ein

Kunstgriff, der es den Rezipienten einfach macht, den Text auswendig zu lernen bzw. vorzutragen. Fontane überhöht die Fakten und formt sie poetisch um, indem er – entgegen der tatsächlichen historischen Ereignisse – eine Figur herausgreift und sie zum Helden stilisiert: Den Steuermann, den er John Maynard nennt.

Ferdinandea

Ferdinandea ist eine Insel, die es gar nicht gibt. Deswegen war ich auch noch niemals dort. Aber es gibt verlässliche Seefahrer, die beschwören, dort gewesen zu sein. Demnach ist Ferdinandea wieder im Meer versunken. Kein Seemannsgarn – ungelogen.

Es geschah am 10. Juli 1831, als man das Eiland erstmals rund 60 km südwestlich von Sizilien sichtete. Offenbar war Ferdinandea durch einen Vulkanausbruch entstanden. Doch kurz darauf war die Insel ganz plötzlich wieder verschwunden, als habe das Mittelmeer sie verschluckt. Heute weiß man, dass es sich um den Krater des Förstner-Vulkans handelt, der unter Wasser liegt, und zwar zwischen der Insel Pantelleria und der sizilianischen Stadt Sciacca.

Nach neueren Untersuchungen ist der heutige Unterwasservulkan dieser einstigen Insel Teil eines ganzen unterseeischen Vulkanmassivs. Weil verschiedene Seefahrernationen auf den Besitz der Insel Anspruch erhoben, bekam sie mehrere Namen – Ferdinandea, Sciacca, Nertita, Corrao, Hotham, Giulia und Graham. Francesco Trefiletti verfolgte als erster Augenzeuge den beginnenden Vulkanausbruch aus nächster Nähe.

Schon damals zog das Ereignis viele Gelehrte, Geologen und Vulkanologen, sowie zahlreiche abenteuerlustige Touristen an. Die Insel erreichte zum Ende der Aktivitäten im August einen Umfang von 5000 Metern und eine maximale Höhe von 63 Metern. Da sie jedoch nur aus losem Material ohne verbindende Lava bestand, begannen die Wellen bald ihr Zerstörungswerk. Im Dezember 1831 verschwand die Insel wieder unter Wasser und blieb fünfzig Jahre lang eine Untiefe.

Ferdinandea geriet in Vergessenheit, bis 1986 ein US-amerikanischer Bomber sie irrtümlich für ein libysches U-Boot hielt und beschoss. Was sie trafen, war keine Wunderwaffe Gaddafis, sondern eines der größten meeresgeologischen Wunder der Welt.

French Connection

Wir starten im südfranzösischen St. Mandrier vor der großen Reede von Toulon. So kann man je nach Wind Richtung Westen oder Osten fahren oder den 100-Seemeilen-Schlag nach Korsika wagen. Gleich bei der Ausfahrt aus der Bucht spürt man die Brise. Maschine Stopp, Bug in den Wind, zuerst das Groß und dann die Genua raus, Motor aus- und den CD-Player einschalten: „La mer …“

Kurs West passieren wir das Cap Sicié, die Ile des Embiez und den Leuchtturm Grand Rouveau. Vorbei an Bandol und der davorliegenden Insel Bendor, die dem Pastis-Fabrikanten Paul Ricard gehört, steuern wir nach vierstündiger Fahrt mit mäßigem Wind die malerische Ankerbucht Pont d’Alon an. Die beiden Sandstrände, die von einer mit Pinien bestandenen Felsküste eingerahmt werden, sind offenbar bei Freizeitkapitänen sehr beliebt. Das kristallklare Wasser, in dem du den Anker auf acht Meter Tiefe liegen sehen kannst, ist wunderbar.

Dann geht es in die Welt der Calanques und in ein mitreißendes Kapitel der Weltliteratur. Der Küstenstrich zwischen dem Cap Croisette südlich von Marseille und dem Fischerstädtchen Cassis ist geprägt von den Kalkfelsen der Gebirgsketten, die hier steil ins Meer abfallen. Wo sich die See in sie hinein gefräst hat, haben sich Fjorde gebildet, die Calanques genannt werden. Ausflugsboote aus Cassis bringen die Touristen in diese spektakuläre Landschaft.

Nach weiteren 13 Seemeilen Kurs 350 Grad bei gutem achterlichen Wind aus Südost und einem Speed von durchschnittlich 6,5 Knoten erreichen wir nachmittags Chateau d'If. In dieser Festung war (dem Roman von Alexandre Dumas zufolge) der Seemann Edmond Dantès, der spätere „Graf von Monte Christo", eingekerkert. Anlegen darf man nicht – die ehemalige Gefängnisinsel ist nur mit dem Ausflugsboot vom Vieux Port in Marseille aus erreichbar. Aber dort kann man auf den Spuren von Gene Hackman in „French Connection" die Kaimauer entlanglaufen und sich erinnern, wie der Bösewicht zur Strecke gebracht wird.

John Franklin

„Wenn du auf einem Schiff einen Befehl nicht verstehst, sage einfach Aye Aye Käpt'n und spring über Bord – es wird nicht verkehrt sein. John Franklin entschloss sich, darüber nicht weiter nachzudenken." Was mich an John Franklin am meisten begeistert, ist die Gestaltung seiner Person als literarische Figur in dem wunderbaren Roman *Die Entdeckung der Langsamkeit* von Sten Nadolny. Nur leider hat dessen Darstellung mit der realen Person wenig zu tun.

Der richtige John Franklin wurde am 15. April 1786 in Spilsby in der britischen Grafschaft Lincolnshire geboren und starb am 11. Juni 1847 im Alter von einundsechzig Jahren vor der King-William-Insel in der kanadischen Arktis. Als britischer Konteradmiral und Polarforscher wurde er 1829 von König Georg IV. in den Adelsstand erhoben, 1836 ernannte man ihn zum Gouverneur von Tasmanien.

Mit 14 Jahren ging Franklin zur See, nahm 1805 an der Schlacht von Trafalgar teil. Ein Onkel war Kapitän und nahm den Jungen von 1801 bis 1803 zu seiner Australien-Umsegelung mit. Während mehrerer Polarexpeditionen waren Franklin und seine Mannschaft gezwungen, Flechten und Ähnliches zu essen, um zu überleben. Sie versuchten sogar, ihre Lederstiefel zu verzehren, was Franklin den Beinamen „der Mann, der seine Schuhe aß“ eintrug.

Nach Großbritannien zurückgekehrt, heiratete er 1823 die Dichterin Eleanor Anne Porden und verfasste den Expeditionsbericht zu seiner zurückliegenden Reise, was ihm zu einer gewissen Bekanntheit und Popularität verhalf. Mit 60 Jahren entschied sich Franklin, die Strapazen einer erneuten mehrjährigen Arktisexpedition auf sich zu nehmen, deren vorrangiges Ziel das Auffinden der Nordwestpassage war.

Er brach am 19. Mai 1845 mit zwei Schiffen, der HMS Terror und der HMS Erebus, sowie 129 Mann Besatzung zu einer Expedition auf, die im Eis festfror und von der niemand zurückkehren sollte. Erst zwölf Jahre später entdeckte man einige Leichen und eine Notiz von Franklins Stellvertreter. Sie gab Auskunft über das Schicksal der Expedition und den Tod Franklins.

Alain Gerbault

Die Karrieren jener, die die Welt umsegelten, sind oft so abenteuerlich bis schrill, dass es schwerfällt, sie nicht für erfunden zu halten. Diejenige von Alain Gerbault begann im nordbretonischen Dinard. Als Sohn eines Industriellen hatte er die Möglichkeit, das Segeln auf der Yacht seines Vaters zu erlernen. Daneben spielte er Tennis, professionell. Sechsmal trat er in Wimbledon bei den All England Championships an, allerdings erfolgloser als im Davis Cup für Frankreich. Bei einem seiner Auftritte in Großbritannien erwarb er die kuttergetakelte 11 Meter-Yacht „Firecrest“ um mit ihr auf einen längeren Segeltörn zu gehen. Im Sommer 1923 segelte er gerade mal neunundzwanzig Jahre alt, als erster überhaupt alleine über den Atlantik: Von Gibraltar nach New York in hundert Tagen. Darüber schrieb er ein vielbeachtetes Buch.

Im September 1923 setzte Gerbault von New York aus seine Reise fort. Am 1. April 1924 erreichte er bei Colón den Zugang zum Panamakanal, den er anschließend durchquerte. Nach einem kurzen Aufenthalt stach er am 31. Mai erneut in See und kam nach einem Zwischenstopp auf den Galapagosinseln nach neunundvierzig Tagen auf Mangareva in Französisch-Polynesien an. Hier hielt er sich knapp zwei Jahre auf verschiedenen Inseln des Marquesas-Archipels und Tahiti auf. Am 21. Mai 1926 setzte er seine Reise fort, überstand bei der Insel Uvea einen schweren Sturm und fuhr über die Torres-Straße in den Indischen Ozean ein. Nach weiteren Zwischenstopps auf den Kokosinseln, Mauritius und Madagaskar erreichte er im Dezember 1927 das südafrikanische Durban. Nach dem Kap der Guten Hoffnung lief er im Atlantik die Inseln St. Helena, Ascension, die Kapverdischen Inseln und zuletzt die Azoren an. Am 26. Juli 1929 traf er schließlich wieder in Le Havre ein, wo ihm ein triumphaler Empfang zuteil wurde. Im August wurde er in die französische Ehrenlegion aufgenommen.

1932 kehrte Gerbault an Bord eines neuen, nach ihm selbst getauften Bootes in die Südsee zurück und verbrachte die folgenden Jahre auf verschiedenen Inseln in Französisch-Polynesien. Er beschäftigte sich intensiv mit Sprache und Kultur der einheimischen Bevölkerung und kritisierte die europäische Kolonisation.

Nach Ausbruch des Zweiten Weltkriegs und der Besetzung Frankreichs durch deutsche Truppen zog sich Gerbault in die neutrale portugiesische Kolonie Timor zurück. Im Dezember 1941 starb er, geschwächt durch verschiedene Tropenkrankheiten und Alkoholismus, im Alter von 48 Jahren in einem Krankenhaus in Dili. Er wurde auf dem Friedhof Santa Cruz beerdigt.

Glenans

Nach einer Stunde Fahrtzeit erreichen wir vom südbretonischen Festland aus die Glenan-Inseln, ein flacher Archipel aus sieben Sandhaufen, der anmutet wie ein Südsee-Atoll. Weißer Sandstrand und türkisfarbenes Wasser verzaubern Hunderte von Tagesgästen und Boot-Touristen. Auf St. Nicolas, der Hauptinsel, gibt es zwei Bars, eine Naturschutzstation, einige wenige Ferienhäuser und ein Jugendcamp auf dem benachbarten Bananec. „Wenn Sie zu der Insel wandern möchten, tun Sie es bitte gleich – am Nachmittag wird der Isthmus überflutet sein“, rät der Kapitän eines Ausflugsschiffs.

Unmöglich, denken wir beim Anblick der ankernden Segelyachten, deren Masten wie Grashalme im Wind hin- und herschwanken.

Die Glenans gehören zur Gemeinde Fouesnant, zusammen mit Port-la-Foret das Mekka des Segelsports. Von dort kommen die weltbesten Segler, deren vierzig Meter langen Katamarane keine 80 Tage benötigen, um einmal um die Welt zu rauschen. Die berühmteste Segelschule der Welt sei auf den Glenans beheimatet – sagen die Bretonen, und tatsächlich, Trophäen und Weltrekorde sprechen für sich.

Demgemäß besteht das Publikum auf den Glenans aus Outdoor-Touristen und Wassersportlern, Tauchern und Surfern. Ansonsten liegt ein morbider Charme über dieser Inselwelt, die wie vom Festland entrückt zu sein scheint. Als wir am Abend ablegen, ist der Strand zwischen den beiden Inselchen, an dem wir eben noch picknickten, tatsächlich verschwunden.

Goldbrasse mit Mangold

Wer im Eingang der Superdarska Draga Bucht auf der Insel Rab beim Stiegenwirt einkehren will, kann bequem an seinem Steg längsseits festmachen.

Das obligatorische Anleger-Bier hatten wir in Dosen aus der Heimat mitgebracht und setzten es als Mitbringsel gewinnbringend bei unseren Gastgebern ein.

Nach dem sensationellen Sonnenuntergang von der Terrasse des Restaurants und der Bestell-Arie kam der Chef noch einmal aus der Küche und verkündete spürbar stolz, er habe heute noch eine Goldbrasse mit Mangold im Angebot. Aber nur eine. Die Crew entschied spontan: die ist für den Skipper.

Sie war in der eigenen Haut und im ganzen Stück gebraten. Die Gräte war entfernt, der Fisch enthielt stattdessen Thymian. Sie war köstlich. Zum Stiegenwirt sollte man vielleicht wieder fahren?

Wir indes segelten am nächsten Tag weiter nach Silba, wo wir den Osthafen wählten. In der Hafenkneipe ist der Wirt Hafenmeister, Seenotretter, und Geschichtenerzähler in einer Person. Wir bestellten zum Abendessen Tintenfisch. Dann sagte der Wirt, er habe neben dem, was auf der Karte steht, heute noch eine Goldbrasse mit Mangold anzubieten. Aber nur eine. Wir sahen uns verdutzt an, schmunzelten und nahmen die eine, ich weiß nicht mehr, wer sie diesmal bekam.

Unser nächstes Restaurant fanden wir auf Susak, es heißt Nr. 13. Wir klappten die Speisekarte auf und lasen verblüfft: Goldbrasse. Na bravo. Als wir die Bedienung darauf ansprachen, wie die Goldbrasse wohl zubereitet wird, sagte sie „mit Mangold“, aber es täte ihr leid, sie hätte nur noch eine.

So ging es weiter. Vermutlich hatten sämtliche Gastwirte in der Kwarner-Bucht das gleiche betriebswirtschaftliche Seminar besucht – quasi als Voraussetzung für die Zuteilung einer eigenen Schankerlaubnis.

Das einschlägige Assessment-Center hieß offenbar "Erfolgreiches An-den-Mann-Bringen der Speisen durch künstliche Angebotsverknappung". Der Trainer nannte sich Verleihnix und hatte Ähnlichkeit mit dem Fischhändler aus dem Asterix-Heft. Dieser Goldbrasse-mit-Mangold-Törn führte uns noch nach Mali Losnij, in den Stadthafen von Rab, nach Pag und Cres, und egal wohin wir auch kamen, Verleihnix war schon da gewesen.

Grande marée

Eigentlich nichts großartig Aufregendes, was hier so großspurig betitelt wird. Grande marée heißt aus dem Französischen übersetzt nicht mehr als Springflut bzw. richtiger Springtide. Das hat doch mit dem Mond zu tun, oder? Es beschreibt die Situation in extremen Gezeitengewässern, bei der Ebbe und Flut bzw. Niedrigwasser und Hochwasser durch eine bestimmte Mond-Konstellation zwischen Sonne und Erde wesentlich stärker ausfallen können als normalerweise.

Wenn also bei Vollmond die Erde zwischen Sonne und Mond steht oder sich bei Neumond der Mond zwischen Sonne und Erde schiebt, ergibt sich eine Springtide. Dazu müssen Sonne, Mond und Erde jeweils eine Gerade ergeben. Diese Konstellation passiert alle zwei Wochen. Der Radiosprecher sagt dann oft so etwas wie „Das mittlere Hochwasser kann höher ausfallen …“ Relevant ist dies lediglich in Flussmündungen bei der Durchfahrt unter Brücken, weil sich dadurch der Abstand zwischen Schiffsaufbauten und Brückenunterkante verringert. Die Urlaubs- und Immobilienindustrie versucht Gewinn daraus zu schlagen und vermittelt Urlaubsquartiere und Ferienwohnungen unter dem Label „typisch bretonische Anwesen Les Grandes Marées“. In der Tat spielt die grande marée im westlichsten Teil Frankreichs eine ganz besondere Rolle, etwa am Mont St. Michel oder rund um die bretonische Halbinsel. Dort kann die Differenz zwischen Niedrigwasser und Hochwasser zwölf bis fünfzehn Meter betragen.

Besonders gerne zur Vollmondzeit (weil dann auch die Beleuchtung stimmt) verabreden und versammeln sich die Menschen bestimmter Küstenregionen zur peche à pieds, was nicht angeln mit den Füßen heißt, sondern fischen zu Fuß. Ich fragte mich jedes Mal, was machen die da im Watt? Harken die den Sand oder sind das ehrenamtliche Umweltschützer, die Plastikpartikel aus dem Meer fegen?

Ursprünglich indes war das Fischen zu Fuß Nahrungsquelle und Zusatzverdienst der an Land gebliebenen Restfamilie von Fischern, die zur See fuhren. In der Bretagne ist es mittlerweile ein beliebter Zeitvertreib, wenn sich der Atlantik während einer „großen Ebbe" stärker als üblich zurückzieht. Dann kommt es darauf an, die Meeresfrüchte im Wasser oder im Schlick aufzuspüren. Man braucht Geduld und ein gutes Auge.

Vielleicht auch Salz, um die Meeresbewohner hervorzulocken? Denn in Aussehen und Verhalten haben sie sich optimal an ihren Lebensraum angepasst.

Grog

Edward Vernon macht eine letzte Runde an Deck, um nach dem Rechten zu sehen, bevor er sich die Seestiefel auszieht und sich in der Kapitänskajüte dem Logbuch widmet. Er schlägt den Kragen seines Uniformumhangs hoch, eine steife Brise weht und er bekommt sie voll zu spüren auf dem Achterkastell.

Es ist ein trauriges Bild, was sich ihm darbietet: Der Steuermann kichert und blickt auf den Kompass, doch offenkundig weiß er kaum noch, wie er gucken soll. Und Edward wird einmal mehr gewahr, die ganze Crew ist wieder pickepackevoll.

Nichts scheint mehr im Lot auf seinem Boot, wie Udo Lindenberg zu reinem wusste. Die Rumrationen, die die britische Admiralität auf ihren Schiffen der Mannschaft gewährt, soll sie eigentlich vor Skorbut bewahren. Doch die Folge sind Saufgelage.

Wir schreiben das Jahr 1740, und Edward Vernon, der Vizeadmiral seiner königlichen Majestät, notiert bei seiner Niederschrift, was er morgen verkünden wird: Rum gibt es künftig nur noch mit Wasser verdünnt zu trinken. Gern auch mit Zitronen- oder Limettensaft. Wegen seines Outfits aus einem groben Gewebe von Seide und Wolle, dem so gennannten Grogram, wurde Vernon von seinen Leuten mit dem Spitznamen „Old Grog“ bedacht, und damit war denn auch der Name für das neue Getränk geboren: Grog.

Später wurde in den kälteren Regionen der Weltmeere Grog auch heiß getrunken. Und noch heute lautet die alte Seefahrerregel für einen steifen Grog: „Rum muss, Zucker kann, Wasser braucht nicht“.

Wenn man indes zu viel von diesem gesundheitsfördernden Gebräu trinkt, was ja durchaus vorkommen soll, ist man hernach entsprechend „groggy“.

Die Gelehrten, die diese schöne Geschichte von „Old Grog“ Vernon nicht wahrhaben wollen, meinen, Grog stehe für „Grand Rum Of Grenada“ und habe mit der Herkunft des Schnapses von der Karibikinsel zu tun, die von den Briten im 18. Jahrhundert erobert worden war.

Doch diesen Neunmalklugen wird in Seemannskneipen der ganzen Welt mit dem Trinkspruch entgegengehalten: „Gott schütze uns vor Sturm und Wind und Gläsern, die voll Tinte sind!“

Greifswalder Oie

„Mein Mann fährt heute selbst – der hat euch einiges zu erzählen“, kündigt Anke Teßnow großspurig an und kassiert in ihrem Schnickschnack-Laden am Hafen von Peenemünde die Fahrkarten ab. „Ja, die berechtigen auch zum Besteigen des Leuchtturms!“ Der Käpt‘n heißt Ingo, erklärt und beschreibt alles, fällt nie aus der Rolle, aber schon mal vom Kurs ab, damit seine Passagiere, die er Fahrgäste nennt, einen Seeadler fotografieren können.

„Seeadler“ heißt auch sein Gefährt, macht 10 Knoten Fahrt und braucht 90 Minuten bis zur Greifswalder Oie. Wir fahren am russischen U-Boot vorbei, dann an den Ansteuerungstürmen des Flughafens längs auf die Lotseninsel Ruden zu, deren Hafen vorerst brachliegt. Flughafen? Ja, während der Nazizeit waren Peenemünde und die Oie Raketenabschussbasis um Wernher von Braun, der dort versuchte, die V2 in Gang zu setzen.

Heute lebt am Peenemünder Haken, der Nordspitze der Insel Usedom, eine Kolonie mit 20.000 Kormoranen, die – wie Ingo erzählt – bis zu 500 Gramm Fisch pro Tier und Tag fressen, was bedeutet, dass der Fischereiwirtschaft allein dort täglich 10 Tonnen Fisch verloren gehen. Abenteuerlich auch dies.

Klar by landing. Allerdings nur Nothafen und für die Sportschifffahrt gesperrt. Die Oie hat eine grandiose Flora und Fauna, Steilküste, Strände. Sie wirkt wie ein naturbelassener botanischer Garten, alter Baumbestand, vielfältig. In der savannenartigen Vegetation findet man Brombeer-, Schlehen-, Weißdornbüsche sowie weiß blühenden Wiesenkerbel, der bis zu anderthalb Meter hoch wächst. Seit 1993 ist der Umweltverein Jordsand sozusagen „Inselvogt“. Kümmert sich um den Naturschutz, beringt Vögel, betreibt Brutvogelkartierung und hält alles in Schuss – ich bin begeistert.

Das Leuchtturmticket schon in der Tasche mache ich mich auf den Weg über die Insel. Leider ist's noch ein bisschen diesig – Hochsee eben. Deshalb spricht man vom „Helgoland der Ostsee“.

1550 Meter lang und 570 Meter an der breitesten Stelle macht 54 ha – 20.000 Jahre alt, 55 Jahre davon militärisches Sperrgebiet. Schöner Spaziergang, Turmbesteigung, einzigartige linksdrehende Optik aus Goslar, imposante Ausblicke bis zur Stubbenkammer auf Rügen.

Goldinseln

„Das Meer war von einem unglaublichen Blau, so wie man es sonst nur auf Ansichtskarten sieht. Am Horizont, inmitten der schillernden Meeresoberfläche, lag träumerisch eine Insel mit saftig grünen Hügeln und roten und gelben Felsen.“ Die Iles d'Hyeres oder auch Iles d'Or genannt sind ein autofreies Paradies mit Palmen und Sandstränden vor der französischen Provence. Georges Simenon verfasste hier mehrere seiner Maigret-Krimis und ließ seinen Inspektor einmal sogar auf Porquerolles ermitteln.

„Kennen Sie die Insel Porquerolles?“ fragte Maigret schon 1949 und zündete seine Pfeife an. „Es soll dort sehr schön sein, genauso schön wie auf Capri oder auf den griechischen Inseln. Die Kaps, die Buchten, die im Grün versteckten ehemaligen Festungen und – genau in der Mitte der Insel und wie aus einem Kinderbaukasten zusammengestellt – eine kleine Anzahl heller Häuschen und ein weißer Kirchturm.“

Als Sturm aufkommt und die Departement-Regierung eine Seewetterwarnung ausspricht, suchen wir Schutz auf der benachbarten Ile de Port Cros. Securité: 7 – 8 Beaufort, in Böen 9. Zu gefährlich für die Weiterfahrt nach St. Tropez, bis zu vier Meter hohe Wellen machen es selbst der täglichen Fähre unmöglich, frisches Brot anzuliefern.

Eine Zwangspause in diesem Naturschutzgebiet und Eldorado für Wanderer, mit Jamaika-Bar und Karibik-Feeling, ist allerdings nicht wirklich eine Strafe. Diese Goldinseln sind durch Zufall eine Entdeckung unseres Segeltörns. Sie erstrecken sich vor dem westlichen Teil der Cote d'Azur zwischen der Halbinsel Giens und dem zauberhaften Bormes-les Mimosas.

Neben der größten – Porquerolles – und der kleinsten, dem Vogelschutzgebiet Bagaud, das nicht betreten werden darf, gibt es außer Port Cros noch die Ile le Levant, die zu 80 Prozent militärisches Sperrgebiet ist und auf dem Rest vom ältesten Nudistencamp Europas, Heliopolis, beschlagnahmt wird. Hierhin will man jederzeit zurückkehren. Außer in sehr teuren Hotels kann man sich in Ferienwohnungen einmieten, und die Restaurants an den kleinen Häfen bieten eine exzellente Küche.

Gyaros

Nicht verwechseln mit einem griechischen Gericht, das man in deutschen Imbissbuden häufiger findet als in Hellas.

Wer von Athen aus in die Kykladen segelt oder von ihnen zurückkehrt, kommt ungewollt an der unbewohnten Gefängnisinsel Gyaros vorbei, und zwar auf 37°37'N / 024°43'E. Mit einer Fläche von neunzehn km² ist sie vegetations- und wasserarm und gebirgig. Verfallende düstere Gebäude, vergitterte Fenster und Türen. Intakte Flächen, Latrinen, ernüchternd, ein extrem trostloser und düsterer Ort, Schlangen, Lurche, Karnickel, Möwen, Skelette, Munition, rostiger Stacheldraht, Ruinen, Bombeneinschläge, Warnschilder.

Kulturministerin Melina Mercouri setzte sich dafür ein, griechische Kerker unter Denkmalschutz zu stellen, weil griechische KZs ebenso wenig wie die Nazi-Deutschlands vergessen werden dürften. Dazu gehört auch Gyaros. Von 1948 bis 1953 waren dort etwa 10.000 Mann wegen ihrer Mitgliedschaft in der Nationalen Volksbefreiungsarmee interniert, Zeugen Jehovas waren wegen Kriegsdienstverweigerung eingesperrt. Von 1957 bis 1964 war Gyaros Gefängnis, von 1967 bis 1974 KZ der Militärjunta. 20.000 Gefangene sind dort gefoltert, gequält, misshandelt, vergewaltigt, liquidiert worden. An vier Stellen findet man die Ruinen der Lager.

Der deutsche Fotograf Fred Ihrt flog mit einem libanesischen Piloten in einer einmotorigen Piper über Gyaros und machte Aufnahmen, die für Empörung und weltweite Proteste sorgten.

Im September 1967 gibt die Junta dem weltweiten Druck nach und verlegt die Häftlinge nach Leros und Kreta. Auf ständigen politischen Druck aus Europa und nach einem Besuch der Lager durch das Internationale Rote Kreuz sowie Amnesty International kommt es zumindest zu Verbesserungen der Haftbedingungen. Im März 1968 werden von den 6.500 Gefangenen bis auf 2.000 "Hardcore-Kommunisten" alle entlassen. Diese weigern sich standhaft, eine Reueerklärung zu unterzeichnen.

Mitte November 1973 verschanzen sich die Studenten der Athener Technischen Universität im Hochschulgebäude, entrollen Fahnen und Transparente und fordern Freiheit und Demokratie. Gegen zwei Uhr in der Früh des 15. Novembers wird die erste Sendung von Radio Polytechnio ausgestrahlt: „Unser Leben könnt ihr uns nehmen, aber nicht diese Nacht." Doch in der Nacht zum 17. November sprengen Panzer das Portal der Universität.

Von all diesen Ereignissen erzählt der 1960 als Migrantenkind geborene Schwede Aris Fioretos in seinem Roman „Mary". Wir wollten uns selbst ein Bild machen und ankerten auf der Überfahrt von Mykonos nach Athen in der Gefängnisbucht von Gyaros. Alles stimmt. Es ist furchtbar.

Harbo

George Harbo war der erste Mensch, der über den Atlantik gerudert ist. Gerudert? Ja, in einem nur fünf Meter langen offenen Ruderboot. Der erste Mensch, von dem wir wissen, dass ihm dies gelang. 3000 Meilen in 55 Tagen und Nächten. Mit seinem Kumpel Frank Samuelsen.

Zu zweit sind sie von New York über die Scilly-Islands vor Cornwall nach Le Havre gerudert. Ohne Hightech. Im Sommer 1896. Durch Eiseskälte und Riesenwellen. Sie sind natürlich gekentert und ihr gesamter Proviant ging verloren. Sie hatten Glück, dass ein Schiff vorbeikam und sie mit Proviant versorgte.

Was sie nicht hatten waren Motor, Radar, Funkgerät, Benzingenerator, Batterien, Selbststeuerungsanlage oder eine seetüchtige Rettungsinsel. Von einem Watermaker ganz zu schweigen. Sie hatten kein Sicherheitsnetz oder Begleitschiff, keine heutigen Navigationshilfen. Sie hatten kräftige Arme, großen Mut und unbändigen Willen.

Gottleb Harbo Ragnhildrød (1864–1909) und Gabriel Samuelsen (1870–1946) – wie sie ursprünglich hießen – waren zwei Norweger, die nach Amerika ausgewandert waren, um das große Glück zu finden. Aber sie wurden „nur" Fischer vor der Küste von New York City. Ein hartes Brot und ein ärmliches Dasein, aber auskömmlich, gerade so. Täglich fuhren sie in offenen

Fischerbooten, angetrieben nur von ihrer Muskelkraft, hinaus aufs Meer.

Der amerikanische Traum, den sie sich erhofft hatten, war das nicht. Als Harbo eines schönen Tages auf die wahrhaft abenteuerliche Idee kam, nur mit dem, was die beiden Freunde am besten konnten, berühmt und vielleicht vermögend zu werden und somit ein leichteres Leben führen zu können, entschieden sie sich den Atlantik in Angriff zu nehmen.

Ihr Boot tauften sie Fox, nach dem Herausgeber der Zeitung „The National Police Gazette“, der ihnen bei erfolgreicher Überquerung des Atlantiks eine Belohnung von 10.000 US-Dollar versprach. Was sie erlebt haben, hat David W. Shaw in dem wundervollen Buch *Die Eroberung des Horizonts* aufgeschrieben.

Honfleur

Oft bin ich in der Normandie gewesen, am liebsten an der Küste, in den Seebädern und Hafenstädten Deauville, Trouville und Honfleur. Mein erster Törn auf einem Segelboot war dort. Und wenn ich nicht am Strand oder in den Häfen war, schleppte mich Oscar mit auf die Klippen am Meer. Wir genossen die Ausblicke, die Perspektiven, das Licht.

Wir bewunderten, wie Dämmerung, Sonnenuntergang, das Wechselspiel von Tag und Nacht die Landschaft veränderten, die doch die gleiche blieb. Oscar erklärte mir all das. Es war meine Schule des Sehens.

Und des Lachens. Oscar konnte unendlich komisch sein. Schon in der Schule zeichnete er die unmöglichsten Sachen. Immer wieder gelang es ihm, witzige Momente einzufangen, mit wenigen Strichen kritzelte er sie hin, absonderliche Situationen, in die wir Schüler geraten waren, vor allem aber jene der Lehrer, worüber man ja am liebsten lachte. Was mich jedoch noch mehr beeindruckte als seine Karikaturen, war seine Nähe zur Seefahrt. Sein Großonkel, oder wer auch immer der alte Jacques Lecadre gewesen sein mochte, belieferte die Schiffe mit allem Möglichen. Wir gingen ihm dabei zur Hand, verdienten uns dabei ein kleines Trinkgeld und lernten die Rauheit des Hafenlebens kennen.

Das Meer war hierzulande nicht leuchtend blau, wie an der Cote d'Azur, es war nicht türkis wie in der Türkei oder Griechenland, es war schlicht und einfach grau. Und undurchsichtig, weil ständig in Bewegung. Es bewegte den Meeresboden, und die Sedimente veränderten die Farbe des Wassers. Stieg Nebel auf über dem Hafenbassin, ging auch das Farbspiel der Häuserfassaden verloren. Konturen verschwammen im Dunst. Alles tauchte ab in ein Schmutziggrau mit Tönen von Blaugrau und Rostigrosarot. Aber dennoch ein Farbenspiel!

Faszinierend war für mich, und zwar nicht nur als Junge, sondern auch in späteren Jahren immer wieder, die enorme Kenntnis von Leuchttürmen, die Oscar hatte. Er wusste alles über diese Seezeichen und Orientierungsgeber, Höhe, Kennung, Blinkfeuer, Tragweite, Fresnelglas-Durchmesser. Hatte er das gelernt? Oder nur gehört, aufgesogen bei Gesprächen im Hafen und behalten? Besonders die Schönheit dieser Wächter der Meere tat es ihm an, malte sie später auch, selbstverständlich inklusive den Phare von Honfleur, den Leuchtturm seines Hafens, wie er sagte. Obgleich es der gegenüberliegende war, der ihn und seine Kunstauffassung berühmt machte.

Jenes Bild von 1872, nur 43 x 63 cm groß, zeigt den Hafen von Le Havre im Morgendunst, hinten große Schiffe, die vor Anker liegen und im Nebel zu verschwimmen scheinen. Im Vordergrund drei kleine schwarze Fischerboote. Ein Flimmern scheint in der Luft zu liegen. Im blau-violetten Wasser bricht sich das Licht der aufgehenden Sonne, die in der Bildmitte wie ein roter Feuerball den Kontrapunkt bildet. Die Rede ist von dem Seestück mit dem Titel „Impression, Soleil levant". Kritiker fanden es belanglos, unscharf, man erkenne ja nichts. Es sei nur der Eindruck eines Bildes, eine Impression, wurde abwertend geurteilt. Eben! Genau das sollte es ja sein. Man könnte auch sagen, wie es ein späterer berühmter Franzose tat: „Das Eigentliche ist unsichtbar!"

Oscar – jetzt kann ich es ja zugeben: Sein vollständiger Name ist Claude Monet und unter diesem ist er auch bekannt, nur seine Eltern und wir Jungs nannten ihn Oscar – ging es bei seiner Malerei in erster Linie um den einmaligen atmosphärischen Seh-Eindruck, den er in seinen Bildern festhalten wollte. Das Skizzenhafte, das die Betrachter zunächst als Schmiererei, auf der sie nichts erkennen konnten, ablehnten, war etwas völlig Neues. Wegen der relativ großen Abstraktion habe Oscar-Claude das Gemälde nicht „Hafen von Le Havre“ genannt, sagte er, aber er musste für einen Katalog einen Titel nennen und meinte: „Nennen Sie es einfach Impression!“ Und so kreierte er unverhofft eine ganze Kunstrichtung.

Heute wird Monet eher mit Paris oder den Seerosenteichen seines Gartens in Giverny identifiziert. Aber auf Dauer bin ich doch eher an der Seinemündung beheimatet als in der Seine-Metropole, soll er einmal gesagt haben. Verbürgt ist dies allerdings nicht.

Insel Poel

Wir kommen von Neustadt in Holstein und queren die Lübecker Bucht nach Ost. Hinein in die Wismarer Bucht.

Boltenhagen und die Steilküste von Hohenwieschendorf am so genannten Klützer Winkel, wo Freunde gerade Golf spielen, steuerbord querab. Wir wollen Richtung Rerik, einmal hinter die Halbinsel Wustrow schauen, doch das Fahrwasser im Salzhaff ist angeblich zu flach. Was wohl aus dem Gelände einmal wird, das militärisches Sperrgebiet war und kampfmittelverseucht sein soll?

Also nehmen wir Kurs auf die Insel Poel. Timmendorf mit seinem hübschen Leuchtturm ist wirklich ein Dorf, im Gegensatz zu seinem westlichen mondänen Namensvetter. Der Hafen hat nur ein paar Liegeplätze für Sportschiffe an der Nordseite, dahinter ein aufgeschütteter Wall und Strandkörbe im feinen Sand. Sonst sind alle Anleger von Fischkuttern belegt.

Obgleich der Mai kaum begonnen hat, ist alles überfüllt. Wir müssen Poel südlich umrunden und durch die enge Kirchsee zum Inselhauptort Kirchdorf verholen. Auch hier darf man die Fahrrinne nicht verlassen, außerhalb ist es sehr flach. Es dunkelt schon, als wir eintreffen. Platz ohne Ende.

Zufällig treffen wir einen Kumpel aus der Heimat, der an einer Zeesboot-Regatta teilgenommen hat, und ziehen mit ihm in „Die Insel“, eine urige Dorfkneipe mit Fischteller.

An der Stirnseite des Hafenbeckens ist ein Festzelt aufgebaut. Auf dem Inselwappen an einer Hauswand sind ein Zeesboot und eine goldene Rapsblüte abgebildet. Das passt. Morgen beginnt das Rapsblütenfest. Wir bleiben einen Tag länger.

Vor Jahren war ich schon einmal von der Landseite aus auf Poel. Man kann mit dem Auto über einen aufgeschütteten Damm fahren. Im „Schwarzen Busch“, einer Feriensiedlung mit Privatstränden, soll sogar der Brockenwirt eine Datsche haben – oder zwei. Poel ist Idylle pur. Die fünf Kilometer bis Timmendorf machen wir zu Fuß über die Felder, als Nachtwanderung.

Kieler Förde

Wir kamen von Bagenkop auf Langeland, Südspitze der dänischen Insel. Dort hatten wir die letzte Nacht im Päckchen liegen müssen, der Hafen war proppevoll. Ungewöhnlich für diese Jahreszeit – aber alle wollten abwettern. Draußen blies der Wind mit 8 Beaufort über die Ostsee.

„Ihr wollt doch wohl nicht da raus?“, warnte der Hafenmeister zu Recht. Aber wir mussten. Die Crew, die uns ablösen wollte, wartete in Möllenort südlich von Laboe. Es war stürmisch, okay, aber die Welle war noch moderat – wir wagten es.

Unsere Mannschaft bestand ausschließlich aus hartgesottenen Fußballern der TU Braunschweig, alle hatten gut geschlafen, und es würde heute garantiert weniger getrunken unterwegs. Wir waren auf alles gefasst, eingemummelt, Schwimmwesten, eingepickt.

Bald sahen wir Backbord voraus die beiden Hochhaustürme von Brasilien und Kalifornien (die Ortschaften heißen wirklich so) am Schöneberger Strand. Doch eine Stunde später, trotz guter Fahrt, sahen wir sie nicht mehr. Endlich das Ansteuerungsfeuer auf der Plattform vor Kiel. Je tiefer wir in den schützenden Schlauch der Förde hinein segelten, desto angenehmer und wärmer wurde es.

„Lust auf ein Abenteuer?" fragte der Skipper in die Runde, als wir Schilksee schon hinter uns gelassen hatten. Niemand widersprach. Der Plan hieß: Segeln bis Karstadt bei ablandigem Wind auf der Kreuz gegenan. Alle zwei bis drei Minuten ein Manöver, und das in einem reichlich befahrenen Fahrwasser.

Grad voraus die Einfahrt in die Holtenau-Schleuse. Klar zur Wende! Grad voraus die Howaldtswerke Deutsche Werft. Klar zur Wende. Dann das IfW Institut für Weltwirtschaft. Und wieder rum bis es nicht mehr weiterging. Eine gepflegte Halse vor dem Großkaufhaus, und dann behutsames Ausgleiten an den Steg von Möllenort ... und das erste Bier des Tages nach dem Festmachen.

Die wartenden Fußballkumpels feierten uns und wir mit ihnen die halbe Nacht. Es ging noch einmal im Dunkeln raus bei moderaten Verhältnissen, jedenfalls außenbords. Mit Gitarrenmusik gaben wir unser erstes Kiel-Open-Air-Konzert auf der Förde … und schliefen wieder sehr lange.

Knidos

Wir kamen von Kos, trauten uns aber nicht ins gegenüberliegend lebendige Bodrum wegen des schwierigen Grenzübertritts von Griechenland in die Türkei. Das einstige Halikarnassos beherbergte mit den Hängenden Gärten eines der sieben Weltwunder der Antike. Schade – ich war niemals dort. Also kreuzten wir weiter südostwärts auf das Kap von Knidos zu, das auf der äußersten Westspitze der türkischen Datca-Halbinsel liegt. Rund 120 Kilometer bis zur nächsten richtigen Stadt – da nehme man es mit dem Einklarieren nicht so genau, sagte man uns.

Das antike Knidos war vor 2.500 Jahren seiner strategischen Lage wegen Handelszentrum, Militärstützpunkt, Mittelpunkt von Kunst, Kultur und Wissenschaft. Es gab eine Arzt-Schule, als Ruinen zwei Amphitheater, und die überlebensgroße Aphrodite-Skulptur vom Bildhauermeister Praxiteles (Original nicht erhalten, Kopie im Louvre) war etwas Revolutionäres: sie war splitternackt!

Der Hafen Knidos heute ist von Nordwesten her versandet, von Osten neu gemacht, aber verdächtig viele Schiffe liegen vor Anker auf Reede. Das hat seinen Grund. Wir gehen an den Steg, und kurze Zeit später beehrt uns der Hafenmeister mit seinem Besuch. Er nennt sich Hopper und nimmt ungefragt im Cockpit Platz. Als wir ihm ein Bier anbieten, verlangt er Whiskey und ruft einen stolzen Liegeplatzpreis auf. Cash, versteht sich.

Dafür würde er uns auch vor der Polizei schützen, die versteckt in dem Bergen alles beobachte. Richtig ist, dass es dort nur einen Militärposten gibt, der allerdings bevorzugt griechische Schiffe aushebt. Dass wir heute Abend in Hoppers Restaurant essen würden, sei ja sicher auch Ehrensache. Wer Fisch bestellt, muss aufpassen, dass er nicht abgezockt wird – dies nur als Warnung. Allerdings müsse man auch den Ort bedenken.

Am nächsten Morgen besichtigen wir die Ausgrabungsstätte und laufen zum Leuchtturm rauf. Ancient Knidos ist trotz allem ein wunderbarer Ort – und wäre ohne Hopper sicher noch wunderbarer!

Knurrhahn

Der Knurrhahn ist nicht Federvieh, wenngleich es auch einen Kuckucks-Knurrhahn gibt. Es ist ein Fisch, der reichlich in der südlichen Nordsee vorkommt, aber dennoch an deutschen Fischtheken eine Seltenheit darstellt. Seinen Namen trägt diese sonderbare rote, stachelflossige Barschart einerseits durch ein knurrendes Geräusch, das das Tier mithilfe seiner vibrierenden Schwimmblase erzeugt, andererseits durch einen Kamm am Hinterkopf, der ihn hahnähnlich aussehen lässt.

Krähen kann er nicht. Dafür kann er auf seinen flügelartigen Brustflossen am Meeresboden spazieren gehen und vor sich hin tippelnd Kleingetier, Krebse und Minifische verzehren. Er selbst soll sehr schmackhaft sein, ein Gewicht von rund sechs Kilogramm erreichen und eine Größe von immerhin bis zu 70 cm.

Womöglich beschäftigte dieser Fisch keinen Menschen und er wäre gar nicht so besonders spannend, würde nicht auch auf der Nordseeinsel Borkum ein Restaurant nach diesem seltsamen Fisch benannt sein. Und zwar nicht irgendeins. Keine urige Hafenkneipe, eher ein Edel-Imbiss. Drei enorme Holz-Bistrotische mit Barhockern in einer Fußgängerzone unter einer Überdachung, vier bis fünf runde Stehtische im Innern vor einer sorgfältigen Theke, dahinter eine blitzblanke

Küche, so dass der Gast beim Live-Cooking zusehen kann.

Mittendrin Rainer Haupt, der Patron, der die Ruhe weghat. Egal wie viele hungrige Geister seinen Laden bevölkern. Mit stoischer Gelassenheit garniert er die Teller für seine Gäste. Mit ausgesuchter Höflichkeit nimmt er ihre Wünsche entgegen, und zwischendurch bereitet er als One-Man-Show die leckersten und frischesten Fischgerichte zu, die man sich denken kann.

Und das nun schon seit über zwanzig Jahren. Einer der ersten im Fischbereich mit Frontküche. Rainer Haupt bekommt dabei Unterstützung von einem tatkräftigen Helferteam, das aber weitgehend im Hintergrund bleibt, ihm zuarbeitet und immer dann wie von Geisterhand für Nachschub sorgt, wenn die Vorräte am Tresen zur Neige gehen. Das hat dem Borkumer Knurrhahn ein Trip-Advisor-Zertifikat für Exzellenz in der Gastronomie eingebracht. Chapeau!

Korinth Kanal

Er ist keine 25 Meter breit, etwas mehr als sechs Kilometer lang und maximal acht Meter tief – der Kanal von Korinth, der das griechische Festland von der Halbinsel Peloponnes trennt und sie somit quasi zur

Insel macht. Obwohl erst 1893 fertig gestellt, hat die Wasserstraße eine rund 2.600jährige Baugeschichte.

Immer wieder haben Herrscher – von Periander von Korinth über Caesar, Caligula, Nero und Hadrian sowie später die Venezianer – versucht, den Isthmus zu durchstechen. Vergebens! Erst die Erfindung des Dynamits machte es möglich, die bis zu 80 Meter hohen Felswände weg zu sprengen. Zwölf Jahre benötigten 2.500 Arbeiter, um zwölf Millionen Kubikmeter Erde auszuheben. Eine technische Meisterleistung!

Für uns Sportschiffer ist die Passage, die keine Stunde dauert, trotz der teuren Durchfahrtsgebühr von 185 Euro für unsere 12 Meter-Yacht eine große Erleichterung auf dem Weg aus dem Saronischen Golf vor Athen ins Ionische Meer oder zurück. Wir ersparen uns 170 Seemeilen um den Peloponnes und das oft windumtoste Kap Malea.

Und sie ist ein einmaliges Erlebnis mit türkisfarbenem Wasser und winkenden Schaulustigen auf den Brücken. Manchmal sitzt sogar ein Angler am Ufer – weiß der Teufel, wie der dort hingekommen ist. Bei Ein- und Ausfahrt werden die tieferliegenden Autobrücken abgesenkt. Nachts gibt es die Durchfahrt mit Beleuchtung.

Rund 30 Schiffe täglich, 11.000 Schiffe jährlich wählen die Passage, zumeist sind es Touristenschiffe und kleine Kreuzfahrer, die dann nur einen halben Meter Abstand zur Felswand haben. Die werden von

Schlepperkähnen gezogen. Kaum ein Verkehrsweg bietet abenteuerlichere Spektakel.

Unvergessen bleibt mir eine Show, die ich vor Jahren in den TV-Nachrichten sah: Ein Motorradartist übersprang mit seiner Enduro den an den oberen Felsrändern 70 Meter breiten Spalt über eine Rampe, nachdem er sein Motorrad auf eine Geschwindigkeit von 125 km/h beschleunigt hatte.

Krka-Wasserfälle

Wir sind in Mitteldalmatien und fahren Slalom zwischen den Inseln. Weil wir die Einfahrt in den Krka-Fluss suchen. Mit bloßem Auge erkennen wir die nur 50 Meter breite Mündung nicht. Und der sie markierende Leuchtturm ist eher klein. Also müssen wir uns aufs GPS verlassen, mitten durch eine Regatta hindurch und dann hinein.

Ein kurzer vielleicht einen Kilometer langer, viel befahrener Kanal öffnet sich anschließend zu einer imposanten Bucht, in der voraus sich nach Süden hin die kroatische Provinzstadt Sibenik ausstreckt. Wir schwenken Backbord auf das Halbrund der Autobahnbrücke zu, unterqueren diese und folgen flussaufwärts, begleitet von Schwänen, an steilen Felsufern und

Fischfarmen vorbei. Insgesamt sind es neun wildromantische Flussseemeilen ins Landesinnere.

Dann erreichen wir das 2.300 Jahre alte Skradin. Zuvor machen wir am Steg einer im Wald liegenden Konoba am Südufer fest und lassen uns zur ACI-Marina übersetzen. Jetzt geht es fünf weitere Kilometer zu Fuß in den Nationalpark, man könnte auch den Ausflugdampfer nehmen, aber wir Seefahrer brauchen auch mal Auslauf. Das Rauschen wird lauter, und dann stehen wir vor diesem einzigartigen Wasserfall.

Jemand aus der Crew stimmt die bekannte Winnetou-Melodie an: Die Krka-Fälle sind die Filmkulisse vom „Schatz im Silbersee“. Für meine Generation ist dies eine Rückkehr in die Kindheit. Über 40 Meter fällt das Wasser kaskadenförmig zwischen Bäumen und Büschen in immer neue Becken. Zwischendrin baden Besucher. Über Stege ist alles begehbar. Weiter höher ein See, ein Kloster, eine Wassermühle. Es ist einer der schönsten Plätze, die ich kenne!

Am langen Ortskai von Skradin nehmen wir ein Getränk, zurück in unserer Stamm-Konoba essen wir vorzüglich und hängen den Erinnerungen nach. Es ist ein einmaliges Erlebnis, mit einer Segelyacht, deren Mast 18,50 Meter aufragt eine solche Flusstour zu unternehmen und dann derartig belohnt zu werden.

La Maddalena

Kaum, dass er uns gesehen hat, springt Garibaldi aufgeregt mit zwei Kameraden in sein Gummiboot. Noch während wir abstoppen und den Rückwärtsgang einlegen, bumst er uns mit dem Bug seines Schlauches an und manövriert uns so geschickt, dass wir ganz plötzlich mit dem Heck am Hafenbeckenrand liegen. Leinen werden geworfen und fixiert, eine Muring nach vorne durchgereicht und festgezurrt, Motor aus, wir sind gesichert.

Die Festmacher, hier Ormeggiatori genannt, sind wahre Artisten im Schlauchboot, balancieren stehend selbst im Dunkeln durchs Hafenwasser und sind im Preis inbegriffen.

Wir sind in Cala Gavetta auf La Maddalena, der historischen Alt- und Hauptstadt des gleichnamigen 62 Inseln und Felsen umfassenden Naturschutz-Archipels vor der Nordostküste Sardiniens, die berühmt geworden ist unter dem Namen Costa Smeralda. Vor rund 50 Jahren hatte Aga Khan begonnen diesen Küstenstreifen touristisch zu erschließen, für die Superreichen und Schönen dieser Welt. Heute ist die Urlaubsregion eine der mondänsten und nachgefragtesten Destinationen, besonders wenn es um Wassersport geht und um Erholung am, im und auf dem Meer.

Über die wunderschöne Cala Corticcio, die wegen ihres weißen Sandstrandes (von Felsen unterbrochen) und des smaragdgrünen Wassers auch Tahiti-Bucht genannt wird, geht es über die nördlichen Inseln S. Maria, Razzoli und Budelli durch die Passo Secca di Morto und schließlich in französische Gewässer. Vor der Südspitze Korsikas liegen die beiden Eilande Cavallo und Lavezzi, letztere mit der sagenhaften Cala Lazzerina. Badestopp.

Dann geht es durch die Straße von Bonifacio, wo immer zwei Windstärken mehr als im übrigen Revier anzutreffen sind, an den weißen Kreidefelsen Falaises de Bonifacio vorbei in den schönsten Naturhafen des Mittelmeeres. Die mittelalterliche Stadt im Süden von Korsika mit Zitadelle und herrlicher Aussicht hinüber nach dem nur acht Seemeilen entfernten Sardinien, die zahlreichen Fischrestaurants am Kai und das französische Flair sind fantastisch.

Loreley-Knoten

Zu Beginn eines jeden Törns werden die neuen Crewmitglieder auch in die hohe Kunst der Knoten eingeführt. Die ganz besonders Cleveren sind vorbereitet und haben geübt. Aber manchmal, vor allem unter den kritischen Augen des Kapitäns, geht dann doch mal was daneben und er sagt süffisant: „Oh, ein Loreley-

Knoten!“ Weil den bislang keiner kannte, ergänzt der Skipper: „Ich weiß nicht, was soll es bedeuten!“

Knoten an Bord sind wichtig, damit es hält. Es gibt einfache Schläge, so geschickt gebunden, dass sie sich selbst „bekneifen“. Ach, die Seemannssprache ist herrlich. Das Kommando „Mach mal ein‘ Palsteg“ darfst du nie beantworten mit „Palsteak? Wo ist die Pfanne?“ Genauso wenig wie „Fier auf die Groß!“ beantwortet wird mit der Gegenfrage „welche vier?“ Mit dem Lösen der Großschot = auffieren um 1 – 2 Meter wird der Baum zur Seite ausgefahren, womit das Großsegel bauchiger wird, meist bei Fahrt vor dem Wind, also Wind von hinten.

Ohne so ein Lexikon der uferlosen Wörter ist die Seefahrt schwierig. Hein Blöd, die Stofftier-Wasserratte von Käpt‘n Blaubär, hat das ins Bild gesetzt, als er mit der Taschenlampe ins Meer leuchtete oder mit Farbeimer und Pinsel an Deck kam, nur weil die Befehle lauteten: „Anker lichten“ bzw. „Segel streichen“ (man hätte ja auch aufholen und einholen sagen können).

Zurück zum Palsteg, den man mit verbundenen Augen oder sogar auf dem Rücken können sollte, jedenfalls ohne hinzusehen.

Es ist der Festmacher-Knoten schlechthin, bei dem ans Ende eines Tampens ein Auge gelegt wird, das man dann beispielsweise um einen Poller am Steg oder der Kaimauer werfen kann.

Knoten in der Seefahrt ist zugleich eine Geschwindigkeitsangabe, nämlich Seemeilen pro Stunde. Geht ein Schiff fünf Knoten (übrigens es fährt nicht, es geht), heißt das, es legt fünf Seemeilen pro Stunde, also 5 x 1,852 km/h zurück, es macht umgerechnet 9,26 Kilometer pro Stunde Fahrt durchs Wasser. Die Umrechnungsfaustregel lautet ungefähr „Mal zwei, minus zehn Prozent".

Mayflower

Die erste Begegnung mit dieser Maiblume hatten wohl die meisten (wie ich auch) im Englischunterricht der Schule, der ausnahmsweise einmal spannend war und dafür sorgte, dass Details im Gedächtnis blieben. Das Kapitel unseres Englischbuches handelte von der Besiedelung Amerikas durch die Pilgrim Fathers, die wegen ihrer calvinistischen Religion als Separatisten politischer Verfolgung ausgesetzt waren und England 1620 verlassen mussten, um in der Neuen Welt zu siedeln.

Ihre mehr als 50 Tage dauernde Atlantikquerung meisterten die rund 100 Passagiere auf der knapp 30 Meter langen und neun Meter breiten Fleute namens „Mayflower", die damals gerade mal zwölf Jahre alt war und ursprünglich für den Warentransport zwischen England und der südfranzösischen Atlantikküste gebaut wurde.

Eigentlich wollten die Auswanderer nach Virginia. Weil die Pilgerväter in Plymouth gestartet waren und in der Cap Cod Bay des heutigen Massachusetts landeten, nannten sie ihren Ankunftsort, den sie ab 1621 besiedelten, ebenfalls Plymouth.

Die Geschichte der entbehrungsreichen Überfahrt und „ersten Schritte“ in Amerika sind ein Mythos der US-Geschichte und fabelhaft erzählt worden von Nathaniel Philbrick. Während der Überfahrt starben zwei Menschen und ein Kind wurde geboren. Nach zwei gescheiterten Versuchen, in diesem stürmischen Winter weiter südlich nach Virginia zu segeln, überwinterten die Passagiere schließlich auf dem dann wieder an der Nordspitze der Cape Cod Bay ankernden Schiff.

In diesen entsetzlich beengten und hygienisch katastrophalen Verhältnissen dezimierten Lungenentzündungen und Tuberkulose die Siedler. Im März 1621 begannen sie mit der Besiedlung der Küste. Heute versuchen viele US-Amerikaner, bevorzugt aus vornehmen Familien in Neuengland, ihre Abstammung auf einen Passagier der „Mayflower“ zurückzuführen. Weil es als heldenhaft gilt, dabei gewesen zu sein und überlebt zu haben.

Micalvi

Die Reederei Emil R. Retzlaff in Stettin war dafür bekannt, dass die meisten ihrer Schiffe nach Gottheiten der nordischen Mythologie benannt wurden, so auch Bragi, nach dem germanischen Gott der Dichtkunst. Bragi war ein Dampfschifffrachter und lief 1925 von der unternehmenseigenen Ostseewerft in Frauendorf bei Stettin vom Stapel. Niemand konnte seinerzeit absehen, welches Schicksal dieses Schiff nehmen sollte, das noch heute manchen Seefahrer hoch erfreut.

Nur wenige Jahre nach seiner Indienststellung wurde Bragi von Chile erworben und auf den Namen Micalvi umgetauft. Als Versorgungsschiff diente der Frachter dann über die Kriegszeit hinweg bis ans Ende der 50er Jahre in der chilenischen Marine. Es transportierte Munition zum Schlachtschiff „Almirante Latorre" und kam überwiegend in der Magellan-Region um Feuerland zum Einsatz.

Dort blieb es auch, als man es 1961 außer Dienst stellte. Seither wird es als Schiffsanleger in Puerto Williams genutzt, dem südlichsten Hafen vor Kap Hoorn. Ob man es glaubt oder nicht:

Selbst in diesem unwirtlichen Revier gibt es organisierte Sportschifffahrt, deren Freunde haben Bragi-Micalvi 2007 restauriert und betreiben auf und in dem Schiff den südlichsten Yachtclub der Welt – Micalvi ist sozusagen zum Vereinsheim und Museumsschiff des Marine Sport Club de Yates Micalvi geworden.

Weltumseglern dient der Kahn als perfekte Anlegestelle, Hotel, Restaurant und Aufwärmstation. Nicht selten kuscheln sich 25 bis 30 Masten rund um Micalvi. Ein roter Holzsteg mit Geländer, eine Art Bretterverhau als Eingangsportal mit der Überschrift „Ponton Micalvi" heißt die Besucher von Land willkommen; viele bunte Wimpel und Flaggen des Flaggenalphabets und manch überraschender Drink, den man hier nicht erwartet hätte, begrüßen die Gäste. Und tatsächlich verirren sich welche dorthin. Künftig soll Malcavi sogar als Stützpunkt für internationale Regatten um Kap Hoorn werden.

Montauk

Seit ich das Buch von Max Frisch gelesen hatte, wollte ich dort hin. Ein Sehnsuchtsort in Indianersprache. Montauk liegt am äußersten Ende von Long Island, rund 150 Meilen von Manhattan entfernt, etwa auf der Grenze der US-Bundesstaaten Connecticut und Rhodes Island, von dort durch den Long Island Sound getrennt.

Ich hatte in Big Apple geschäftlich zu tun, den Samstag frei und fuhr mit einem Greyhoundbus zweieinhalb langweilige Stunden durch sämtliche Milliardär-Hamptons nach Montauk. Als ich ausstieg, musste ich lernen, dass Montauk Point – ein zweieinhalbstöckiges Haus, ein paar Nebengebäude, ein moderner eckiger Funktower und eben dieser durch den Schweizer Schriftsteller zu einiger Berühmtheit gelangte Leuchtturm – noch sieben weitere Meilen entfernt war.

Nach einer Stunde Fußmarsch am Strand war es mir zu bunt – ich nahm ein Taxi. Vor rund 50 Jahren, im Mai 1974, hatte Frisch mit der Literaturagentin Lynn, die seine Lesetour betreute, dort angenehmere Erlebnisse. Der 63Jährige verliebte sich in die viel jüngere Frau und ließ erzählend darüber sein Leben als Mann Revue passieren – schön. Schlöndorff hat das später verfilmt.

Ich blickte auf das wunderbar petrol-schimmernde Meer und sah am Horizont eine Insel. Martha's Vineyard und Nantucket vor Massachusetts waren zu weit weg, dies konnte nur Block Island sein. Und als ich einen Passanten fragte, entgegnete der: „No idea, sir – but somewhere there must be England!" Oh, ihr oberflächlichen Amerikaner!

Montauk heute ist immer noch verträumt, wirkt aber kaum vom Tourismus vergessen. Es ist teuer und als Surf-Hotspot beliebt. Es gibt einen Yachthafen zur Soundseite hin, einen Binnensee und exklusive Cafés und Restaurants. Und das Schönste an dieser abgelegenen Landmarke am Ende der New Yorker Welt: Max Frisch und seine ausgezeichnete Erzählung kennt dort so gut wie niemand.

Montecristo

Unsere Yacht läuft mit mittlerem Wind vom toskanischen Festland aus Richtung Elba locker sieben Knoten, sodass wir mit Kurs auf Portoferraio sehr gut vorankommen.

Die erste Nacht verbringen wir im alten Hafen Cosimo di Medici abseits des Fährbetriebes und machen am Sonntagmorgen einen ausführlichen Landgang durch Elbas Hauptstadt, deren alte Festung das Ortsbild bestimmt. Die Eisdiele heißt Montecristo.

Dann nehmen wir Westkurs in eine der schönsten Badebuchten der Insel, an dessen Strand sich das Nobelhotel Hermitage befindet: Golfo di Procchio. Das Schwimmen im smaragdgrünen Wasser ist herrlich und Ende Mai schon warm genug, auch die Häfen in der Vorsaison noch nicht überfüllt. Marciana Marina, wo wir schon einmal lagen, hat deutlich an Komfort zugelegt. Die zahlreichen Bars und Restaurants im Ort unterhalb von Elbas höchstem Berg Campane bescheren uns einen schönen Sonntagabend. Eine Bar nennt sich Montecristo.

Wir segeln an die Südwestspitze Elbas und übernachten vor Anker in der Traumbucht von Barbatoia mit sehr viel Gastfreundschaft im gleichnamigen Restaurant. Von hier aus hat man einen wunderschönen Blick auf die Insel Montecristo, die naturgeschützt nicht angelaufen werden darf. Wahrscheinlich aber – so malen wir es uns aus – vermutet man dort noch Schatzreste des legendären Grafen. Wer weiß!

Vor der Fetovaia-Felsnase übt ein Kreuzfahrer Rettungsmanöver mit Hubschrauber – oder sie machen ein Fotoshooting für einen Reiseprospekt – oder es ist eine italienische Fernsehserie namens „Montecristo", die wir nicht kennen. Wer weiß schon, was Kapitäne von solchen Ozeanriesen hier reitet. Jahre zuvor ankerten wir vor dem überfüllten Hafen von Giglio genau dort, wo die Costa Concordia auflief ... und wir wohl nie wieder werden liegen können.

Wir steuern Marina di Campo an, ein malerisches Fischerdörfchen an der Südküste von Elba. Weil der Hafen überfüllt ist, ankern wir vor dem Casino Montecristo auf sieben Meter Tiefe, lassen zusätzlich den Heckanker als Rutscher über die Ankerkette wie ein Senkblei zum Absichern runter. Tauchen ab und stellen fest: Alles hält prima. Wir kochen und haben einen wunderschönen Hüttenabend unter Deck, bei dem auf der einen Seite die Leuchtreklame des Casinos, auf der anderen die tatsächliche Insel vorbei schwojen.

Montenegro

In Braunschweig bin ich in der Siedlung Am Schwarzen Berge herangewachsen – in den schwarzen Bergen wollte ich unbedingt einmal segeln. Also ging es nach Montenegro. Wir kamen aus südlicher Richtung an Albanien vorbei die Adria rauf und waren schon fast in Kroatien, da ging es steuerbords hinter der Festungsinsel Mamula hinein in den Golf von Kotor.

Das erste, was wir sahen, war die Norwegian Sea, ein Kreuzfahrtschiff mit 13 Stockwerken. Das Ungetüm hielt auf uns bzw. die Ausfahrt der Bucht zu. Wir machten Platz und fuhren mit Sicherheitsabstand vorbei. Nach der recht schmalen Ouvertüre breitet sich der Golf zum See. An den Ufern Industrie, Werften, mittelalterlich wirkende Dörfer.

Geradezu sahen wir bei Tivat die im Entstehen begriffene „Marina Montenegro". Als Pendant zu Monte Carlo und Porto Cervo entsteht dort ein Mega-Hotspot für die Luxusyachten des Jetsets. Mitten im einstigen Kommunismus. Wir machten einen Bogen drum herum und hielten auf den nächsten Kanal zu.

Zwei Kirchen-Inselchen, Sveti Dorde und Gospa od Skrpjela, tauchten auf, dann die Stadt Perast. Hier werden die Berge höher und in den Wintermonaten, sagt man, erreiche kein Lichtstrahl mehr die malerischen Ufer, die aussehen wie am Lago Maggiore. Wir schwenkten wieder Richtung Süden, zunächst an einem Kreuzfahrer der TUI-Reihe „Mein Schiff" vorbei und dann in den hinterletzten Winkel des Golfes – mit der Zuversicht, dass dann keine dieser schwimmenden Touristenstädte noch einmal den Blick auf das malerische Kotor verstellt.

Denkste! Als wir eintreffen, liegen gleich zwei davon an einem eigens für sie gebauten Mega-Kai. Außer den Liegegebühren für den Staat lassen die Kreuzfahrer wahrscheinlich kaum Geld in Kotor. Essen und Trinken gibt es ja an Bord all inclusive.

Doch sie verpassen das Beste. Die Stadtmauer schlängelt sich den Hügel über der Stadt hinauf wie die berühmte Chinesische Mauer. Man kann auf ihr spazieren. Von ganz oben dann (aber dort kommt kaum je einer dieser tausende von Kreuzfahrern hin) ist der Blick zurück in den Golf fantastisch und unbezahlbar.

Morbihan

Zweimal am Tag spült die Flut 400 Millionen Kubikmeter Atlantikwasser in den Golfe du Morbihan. Manche der weit über 60 Inseln und Inselchen in diesem Fast-Binnenmeer der Süd-Bretagne verschwinden dann gänzlich, alle werden kleiner. Steht man dann an der Pointe de Kerpenhir oder gegenüber bei Port Navalo, kann man beobachten, wie die Segelyachten mit 10 Knoten Geschwindigkeit quasi in den Golf hinein surfen. Die Strömung ist so stark, dass das Wasser brodelt, als wäre die nur eine halbe Seemeile breite Einfahrt ein Piranha-Becken. Es ist dieser Wechsel der Gezeiten, der die Landschaft im Morbihan so reizvoll macht und das Leben ihrer Bewohner bestimmt. Wer nicht vom Tourismus lebt, ist Fischer oder Austernzüchter. Und hat ein Boot, das zuverlässigste Verkehrsmittel hierzulande – pardon: hier zu Wasser.

Dabei könnte man die Energie der Tiden auch anders nutzen, für ein Gezeitenkraftwerk zum Beispiel. En miniature existierte so etwas auf der Ile d'Arz, der zweitgrößten Insel im Golf. Die Moulin à Marée aus dem 16. Jahrhundert war eine Mühle, deren Rad von dem Wasser angetrieben wurde, das aus einem höher gelegenen und bei Flut volllaufenden Becken wieder herausschoss.

„In der Bretagne gibt es zwei Jahreszeiten – die kurze Zeit der langen Regenfälle und die lange Zeit der kurzen Regenfälle." Sagen Kritiker. Nicht so auf der Ile aux Moines, der Mönchsinsel, so genannt wegen eines ehemaligen Klosters und ihrer Kreuzform. Im Hochsommer herrschen hier häufig Temperaturen von über 30 Grad.

Bunte Badehäuschen reihen sich am Hauptstrand dieser größten Insel im Golf aneinander, in den Gärten stehen Palmen neben Feigenbäumen und Kiefern, riesige Rhododendrenhecken wechseln sich mit Magnolien, Kamelien, Tamarisken, Sanddorn und Lorbeerbäumen ab. Die Häuschen sind wunderschön und sehen verwunschen aus. Und wer weiß, vielleicht kann man Kommissar Georges Dupin aus den Büchern von Jean-Luc Bannalec hier ermitteln sehen?

Nantucket

Beim Frühstück im Queen-Ann-Country-Inn von Chatham auf Cape Cod in Massachusetts/USA hatten wir uns spontan zu einem Besuch der Insel Nantucket entschlossen. Da wir kein bisschen Zeit hatten, nahmen wir nicht das Schiff sondern den Flieger ab Hyannis. Eine kleine Propellermaschine, die abhob Richtung offener Atlantik, wo sogleich das aus der Luft absolut flache Nantucket sichtbar wurde.

Dass ich den Mietwagen mit unserem „ganzen Hab und Gut“ vermeintlich illegal im Halteverbot abstellte (der wird abgeschleppt, wirst du schon sehen, und was machen wir dann?), hätte beinahe zu einem Rosenkrieg geführt. Aber der war ja hier schon gelaufen. Der berühmte Kinofilm mit Kathleen Turner und Michael Douglas beginnt auf Nantucket, zunächst in Harmonie, am Ende tödlich.

Um es gleich vorwegzunehmen: Bei uns war es (fast) umgekehrt. Es wäre nämlich fast zu einem Mord gekommen, und zwar an dem Taxifahrer, einem native American, wahrscheinlich vom Stamm der Narragansett. Der faselte ohne Pause von Germany, lobte unsere Frauen, schwärmte von ihren Hintern und wie viele er schon gehabt hätte usw. usf. Wie gesagt, ich bin fast ausgerastet.

Nantucket ist die kleine Schwester vom mondänen Martha's Vineyard, so wie Föhr und Sylt oder Menorca und Mallorca. Beschaulicher ist vielleicht der richtige Ausdruck. Holzhäuser.

Die grauen Fassaden sehen aus, als habe man überall Schiefertafeln an die Wände genagelt. Walfänger-Insel. In einer Boutique hätte ich mir beinahe einen knöchellangen Ledermantel für Walfänger gekauft, Riesenkapuze, sah cool aus. Doch zuhause wäre es wohl nur peinlich gewesen.

Tolle Terrassencafés mit Strandblick. Wunderschön am Brand's Point, wo ein Leuchtturm steht, der aussieht wie alle hier. Weiß mit schwarzer Kuppel sechs, sieben Meter hoch, leicht konisch sich nach oben verjüngend. Zur Eingangstür führt meist ein Steg über den Strand, falls der mal überspült sein sollte.

Im Inneren ist die Insel von einer Art Strandheide mit Dünengras übersät – Bäume, Wälder gar wie auf Amrum sucht man vergebens.

Das Narrenschiff

Kurz nach Kolumbus‘ Karibikentdeckung und kurz vor Luthers Thesenanschlag kam ein Buch auf den Markt, das zu einem Bestseller wurde: *Das Narrenschiff* von Sebastian Brant. Als erfolgreichste deutschsprachige Publikation in der Zeit der Reformation fand es auch international große Beachtung. Bezeichnenderweise ist es weder Abenteuer- noch Liebesroman, auch kein Historienschinken oder Erbauungsbuch, sondern eine Satire.

Brant wählt geschickt den geschlossenen Raum eines Schiffes und einer Seemannschaft, um durch die Schilderungen ihrer Charaktere ein Gesellschaftsbild zu zeichnen, wobei die maritime Metaphorik (schließlich sitzen wir alle in einem Boot) nur den Rahmen liefert. Als maritime Literatur ist der Roman eigentlich eher enttäuschend – die Uferlosigkeit des Inhalts hat andere Gründe.

Im „Narrenschiff" wird jeweils beispielhaft an einem der „Mitreisenden" ein typisches menschliches Fehlverhalten gegeißelt, um über Missstände und Verfall der Sitten aufzuklären. In einem Zeitalter, in dem man gerne im Namen des Christentums unliebsame Andersdenkende vor Publikum verbrannte, lautet Brants Botschaft: Zur Weisheit gelangt man nur über menschliche Vernunft und nicht durch unmündige Frömmigkeit. Das hat bis heute Bestand.

Wie der unwesentlich später erscheinende Till Eulenspiegel vermeintlich verbotene Wahrheiten aussprechen und dem Volk den Spiegel vorhalten darf, geschieht dies im „Narrenschiff" in einer Art und Sprache, die jedermann versteht. So erklärt sich der Siegeszug des Narren als beliebteste Figur des späten Mittelalters.

Ende der 80er Jahre schuf der Braunschweiger Bildhauer Jürgen Weber für Brants Heimatstadt Nürnberg eine Brunnenskulptur (bis heute ohne Wasser) und betitelte seine Autobiografie „Kunst ohne Kompass" ebenfalls nach Brants Satire – was die Zeitlosigkeit des Bildes noch unterstreicht.

Neptuns Staircase

Wer sich das raue Klima und die wilde See der Äußeren Hebriden in Nordschottland ersparen und das berüchtigte Cape Wrath umgehen möchte, kann aus der Nordsee kommend in die Irische See eine Abkürzung wählen, den Kaledonischen Kanal. Er ist quasi das Pendant zum Nord-Ostsee-Kanal. Man fährt von Inverness ein, schippert ein Stück Wasserstraße und landet im Loch Ness.

Wer weiß, vielleicht begegnet man hier dem legendären Ungeheuer. Ganz sicher hat man steuerbords bald Urquhart Castle, eine dieser Hingucker-Schloss-Ruinen als Fotomotiv und Anleger, denn das Museum darin kann besichtigt werden. Und backbord grüßt lilafarben Ben Nevis.

Loch Ness endet bei Fort Augustus. Von hier geht die Wasserstraße weiter, bis sie hinter Fort Williams wieder das Meer an der Ilse of Skye erreicht. Zuvor muss der Schipper aber noch einen Bergrücken überqueren – und da keine Indios wie bei „Fitzcarraldo" den Schiffskörper über Land ziehen, gibt es dort die Neptun-Treppe.

Von weitem sehen die Tore dieser einzigartigen Koppelschleuse aus wie die Hindernisse bei einem Springreiten: Löwen-Classics zu Wasser. Mindestens ein Matrose klettert an Land und treidelt das Boot von einer Kammer in die andere.

Bis in die 1960er Jahre „durfte“ er gleichzeitig am Rad drehen und die Schleusentore aufkurbeln – das macht mittlerweile ein Motor.

„Über sieben Brücken musst du gehen, sieben dunkle Jahre überstehen, siebenmal wirst du die Asche sein, aber einmal auch der helle Schein“, singen Karat und Peter Maffay. Hier sind es acht Schleusenbecken, die passiert werden müssen – und jenseits scheint mehr oder weniger hell die Irische See.

Auch wenn das ganze Spektakel nur 450 Meter lang ist und der Hub lediglich über 64 feet geht – imposant ist die 90minütige Durchfahrt allemal. Nicht nur für Schiffer. Zahlreiche Touristen säumen die Ufer und bewundern diese Konstruktion, mit der Schiffe aufwärts wandern. Und sind sie erstmal über den Berg, gönnt sich die Besatzung in der Destillery von Loch Linnhe einen Schnaps.

Neuwerk

Einmal pro Jahr, je nach Gezeitenkalender und vorzugsweise, wenn es nicht gar so kalt ist, wandern fünf Braunschweiger Freunde zur Nordseeinsel Neuwerk. Es ist sozusagen ein Nostalgiespaziergang, den die ehemaligen Gaußschüler mit ihrem Sportlehrer Hennes

Jäcker, der Torhüterlegende von Eintracht Braunschweig, vor mehr als einem halben Jahrhundert machten.

Das Vierzig-Seelen-Dorf im Wattenmeer liegt rund zehn Kilometer nordwestlich vor Cuxhaven und gehört mit seinen unbewohnten Nachbarn Scharhörn und Nigehörn seit mehr als 700 Jahren zu Hamburg. Zur Sicherung der Schifffahrtswege in die Elbmündung errichtete die Hansestadt ab 1310 das älteste erhaltene Bauwerk, den 45 Meter hohen Leuchtturm.

Sein Festungscharakter ist Programm. Ursprünglich diente er Hamburg zum Schutz vor Piraten. Von seiner Aussichtsplattform genießen alle Neuwerkwanderer und jene, die mit dem Wattwagen angereist sind (etwa 120.000 pro Jahr), den Blick über das Wattenmeer bis zum Festland wie einst die „Tatort"-Kommissare Stoever und Brockmöller.

Rund zweieinhalb Stunden dauert der Fußmarsch ab Sahlenburg, an einigen Stellen hüfttief durch Priele. Aufgeständerte Rettungskörbe, die wie Folterinstrumente der Inquisition aussehen, markieren den Weg. Zusätzlich dient der Leuchtturm als Orientierung beim Marsch auf dem Meeresgrund.

Die Gezeiten bestimmen den Rhythmus der Insel. Bei Hochwasser sitzen die fünf Braunschweiger dann am Ankerplatz ihrer Stammkneipe, genießen dunkelbraunes Störtebeker mit klarem Leuchtfeuer und stoßen auf den Namenspatron ihres Gymnasiums an.

Der hatte 1825 Neuwerk als nördlichsten Punkt seines Triangulationsnetzes der Landvermessung des Königreichs Hannover gewählt (was auf dem letzten Zehnmarkschein verewigt wurde).

Nikolaus

Nikolaus ist der Schutzheilige der Seefahrer und geht auf Nikolaus von Myra zurück, der zwischen 280 und 350 an der südanatolischen Küste (heute Türkei) lebte und wirkte. Dort bin ich ihm begegnet.

Es traf sich nämlich, dass meine Segelfreunde und ich unterwegs waren in der Straße von Rhodos. Wir hatten schon etliche Seemeilen in den Knochen, als uns vor der Einfahrt in den Golf von Fethiye plötzlich ein Gewittersturm erwischte. Ich stand am Steuer und sah nichts mehr. Wo eben noch das Taurus-Gebirge emporragte, war jetzt alles grau. Und wo eben noch die Kameraden fröhlich im Cockpit zechten, war schlagartig Stille. Denn wie üblich hatte sich meine Crew vor dem prasselnden Regen und der überkommenden Gischt unter Deck in Sicherheit gebracht.

Das hier wird nicht gut gehen, überlegte ich. Und wie oft in solchen Fällen rufen Skipper schon mal nach Sankt Nikolaus, wenn auch nicht laut, so doch wirkungsvoll. Denn mit einem Mal stand ein scheinbar mit Wunderkräften ausgestatteter Mann neben mir und übernahm das Steuer. Ich ließ ihn gewähren, froh um die Hilfe. Er schwieg, setzte die Segel richtig und brachte sogar den Sturm zum Abflauen.

„Danke“, sagte ich knapp, „wie kann ich mich erkenntlich zeigen?“ – „Besuch mich mal“, brummte der grauhaarige Alte in seinem erstaunlichen Seebärenbart und verschwand genauso unverhofft, wie er gekommen war. Das Meer beruhigte sich, die Crewmitglieder kamen nach und nach an Deck und einer sagte: „Skipper, was ist mit dir? Du bist ja ganz blass.“

Ein paar Tage später lagen wir in der Reede von Kale, vor der Kreuzritterburg von Kaleköy und der versunkenen Stadt Simena – der Höhepunkt dieses Törns. Dass St. Nikolaus hier als Bischoff wirkte, wusste aus mir niemand – und ich hielt den Mund. Aus dem Wasser ragte ein tonnenschwerer Sarkophag. Beim Aufstieg zur Burgruine sah man rechter Hand auf einem Bergkamm weitere Steinsarkophage stehen, und während sich die Crew das alte Amphitheater anschaute, machte ich einen Abstecher auf diesen sonderbaren Friedhof.

Einige Gräber waren aufgebrochen. „Meins auch“, sagte der Alte, der plötzlich neben mir stand. „Schön, dass du gekommen bist!“ Vor 950 Jahren, so mein Retter, hätten süditalienische Kaufleute seine Gebeine aus der Grabstätte geraubt und die Reliquien nach Bari überführt. Dort werde bis zum heutigen Tag jedes Jahr zu seinen Ehren im Mai ein Fest gefeiert.

Am Abend in Hassan Deniz‘ Best Kitchen saß er mir wieder gegenüber und berichtete von seinen Wundertaten – und ich musste ihm versprechen seine Legenden weiterzuerzählen. Zum Dank würde mir auf dem Meer niemals wieder etwas Schlimmes widerfahren.

Wie zum Beispiel diese hier: Es war einmal ein Mann, der war zwar nicht verarmt, sondern, wie man heute politisch korrekt sagen würde: wirtschaftlich benachteiligt. Weil dem so war, beabsichtigte er, seine drei Töchter zur Prostitution zu zwingen, denn ihm fehlten die Mittel, um sie mit der gebührenden Mitgift auszustatten und standesgemäß zu verheiraten.

Als mein wundersamer Alter von der Notlage erfuhr, warf er in drei aufeinander folgenden Nächten je einen großen Goldklumpen durch das Fenster des Zimmers der drei Jungfrauen. In der dritten Nacht gelang es dem Vater, Nikolaus zu entdecken, ihn nach seinem Namen zu fragen und ihm dafür zu danken. Der Einlegebrauch, das nächtliche Füllen der Schuhe, das wir in der Nacht vom 5. auf den 6. Dezember praktizieren, basiert, so heißt es, auf dieser Legende.

Es folgte das Kornwunder, die Bewahrung von drei unschuldig zum Tod Verurteilten vor der Hinrichtung, die Heimführung eines verschleppten Kindes, die Rettung des ertrunkenen Sohnes, das Quellenwunder am

Grab usw. Als ich erwachte, war es heller Tag. Ich lag in meiner Koje, Kaffeeduft stieg in meine Nase und der Geruch gebratener Eier. „Wir wollen weiter, Skipper“, rief der Smut in Richtung meiner Kajüte. „Du warst ja gar nicht wachzukriegen!“

Octopus

Drei Herzen und acht Arme – nicht schlecht. Octopusse werden auch als Tintenfische oder Kraken bezeichnet. Sie gelten als die intelligentesten Weichtiere. Kraken sind in der Regel sehr scheu, jedoch neugierig und erweisen sich in Versuchen als sehr lernfähig.

Das lateinische Wort octopus entspricht dem altgriechischen Vorbild als Zusammensetzung aus oktṓ „acht“ und poús „Fuß“. Octopus bedeutet also wörtlich „Achtfuß“, das heißt „Tier mit acht Füßen“. Die Bezeichnung Polpo für die Krakengattung Octopus ist veraltet und stammt vom Griechischen Polyp ab, was „Vielfuß“ bedeutet.

Die wirbellosen Tintenfische kommen als Meeresfrüchte in der mediterranen Küche und in Asien auf den Tisch. Die Kraken werden 50 cm bis 4 m groß, haben einen beutelförmigen Körper ohne Stützskelett und acht muskulöse Arme mit doppelten Saugnapfreihen.

Wegen ihres zarten Fleisches, das etwas an Kalb erinnert, gelten sie als besondere Delikatesse. Die in Mitteleuropa beliebten panierten Tintenfischringe, die aus den Tuben von Kalmaren zubereitet werden und nicht aus Fangarmen, sind Bestandteil des Fritto misto aus Meeresfrüchten.

Das Gehirn der Kraken ist sehr leistungsfähig. Besondere Medienbekanntheit erreichte der Krake Paul, der während der Fußball-Weltmeisterschaft 2010 als Orakel-Tier den Ausgang aller getippten Fußballspiele korrekt „voraussagte". Aber einmal erlernte Fähigkeiten werden nicht von Generation zu Generation weitergegeben, weil Wirbellose keine Eltern-Kind-Beziehungen aufbauen, sondern das Überleben ihrer Art sichern, indem sie außerordentlich viele Nachkommen produzieren.

In den Bereich der Legenden gehören Berichte, nach denen große Kraken Schiffe in die Tiefe ziehen. Auch die über 126 Meter lange Mega-Motor-Yacht des Microsoftmitbegründers Paul Allen heißt „Octopus", weil das Schiff für die Tiefseeforschung ausgerüstet ist.

Optimist

Für den Optimisten ist ein nur halb gefülltes Wasserglas immer halbvoll, für den Pessimisten dagegen ist es halbleer. Der Optimist möchte immer das Beste, er strebt das Optimum an. Zuversicht und Lebensbejahung im Sinn von Gottfried Wilhelm Leibniz' *Theodizee,* demzufolge wir in der besten aller möglichen Welten lebten, zeichnen den Optimisten aus.

Auf dem Wasser, also in der besten aller uferlosen Welten, nimmt sich der Optimist bescheidener aus. Es ist mit durchschnittlich 230cm Länge der kleinste Bootstyp, den wir kennen. Die Idee, ein einfaches Kinderboot zu bauen, das leicht zu segeln ist und so viel Spaß macht, dass die Kids von der Straße aufs Wasser gelockt werden, wurde in einem Segelclub mit dem Namen „Optimist" in Clearwater an der Atlantikküste Floridas geboren. Der amerikanische Konstrukteur Clark Mills gilt als Vater des Optimisten, optimiert und standardisiert wurde das Boot vom dänischen Architekten Axel Damsgaard Damgard Mitte des 20. Jahrhunderts.

Einer segelnden Seifenkiste nicht unähnlich weckte das Boot schnell Begehrlichkeiten der Nachbarskinder und wurde auf diese Weise zur erfolgreichsten Klasse der Welt. Der Optimist ist für Kinder und Jugendliche das Einstiegsmodell in den Segelsport, weil es nur ein Segel hat, leicht zu steuern ist und ebenso schnell wie einleuchtend vermittelt, wie man sich mithilfe von

Wind und Gewichtverlagerung auf dem Wasser optimal fortbewegen kann. Einen „Opti" segelt man allein.

Zum Abschluss noch etwas Literarisches, ein semimaritimer Aphorismus von Theodor Fontane: „Ein Optimist ist ein Mensch, der ein Dutzend Austern bestellt, in der Hoffnung, sie mit einer Perle, die er darin findet, bezahlen zu können." Übrigens, nicht alles, was aus Clearwater, Florida stammt, ist auch empfehlenswert. Die 100.000 Einwohner zählende Stadt ist Hauptsitz der Church of Scientology.

Bowa Pakljena

2016 kaufen drei junge Männer aus Dubrovnik auf Sipan, einer der vorgelagerten elaphitischen Inseln, eine verlassene Fischerkate an einer 100 Meter breiten Bucht. Sie haben das verwilderte Gelände behutsam freigeschnitten, aus dem umliegenden Natursteinmaterial ein Wirtschaftsgebäude errichtet, Wege gepflastert und eine drei Kilometer lange Wasserleitung entlang eines Trampelpfades verlegt. Das ist der einzige Zugang von der Landseite, ansonsten kommt man nur mit einem Boot dahin. Für Bootsgäste ist das „Bowa" gedacht. Es sind vier Festmacherbojen ausgelegt und Anlegemöglichkeiten an einem kleinen Steg vorhanden.

Das Wichtigste: Die Gründer bauten in den Hang oberhalb des kleinen Strandes einige Canabas. Das sind schutzhüttenähnliche Gebilde, wie sie in der Karibik anzutreffen sind: Vier aufrechte Pfähle im Quadrat, Holzboden, Strohdach, drinnen entweder gepolsterte Liegeflächen oder ein Tisch mit Bänken und Stühlen, rundherum Gardinen, die fröhlich im Wind flattern. Robinson Crusoe-Feeling!

Maja, eine polyglotte und obendrein hübsche Kroatin, empfängt die Gäste bereits am Steg, zumeist in deren Muttersprache, der Wirt oder Kellner, Mica aus Montenegro, hilft beim Festmachen. Er hat am Morgen einen kapitalen Parga-Fisch aus der Tiefe des Kolocep-Kanals geangelt und bietet ihn uns an: 3,5 Kilo, auf offenem Feuer gebraten. Wir müssen uns jedoch sofort entscheiden, denn um 18 Uhr schließt das Restaurant und alle Bediensteten fahren ans Festland zurück. Das Essen ist fantastisch – wir haben Karibikflair und Sternenhimmel eine ganze Nacht für uns allein.

Im April 2017 erwacht das „Bowa“ aus seinem ersten Winterschlaf. Es müssen manche Ausbesserungen getätigt werden. Man arbeitet bis spät in die Nacht und fährt am selben Abend noch heim – acht Personen in einem Schlauchboot für sechs. Ohne Licht!

Es herrscht ungewöhnlich hoher Wellengang. Ein Seenotrettungskreuzer befindet sich im Einsatz und pflügt mit hohem Tempo durchs Wasser. Der Schiffsführer übersieht das kleine Schlauchboot mit der fleißigen „Bowa“-Truppe aus Pakljena und erfasst die Nussschale, die in zwei Teile geschlitzt wird. Von den acht Insassen sterben vier sofort, zwei (Maja und Mica) überleben und weitere zwei gelten bis heute als vermisst.

Palagruza

Es war morgens um sieben, wir waren nachts in Kroatien gestartet und in den Sonnenaufgang hinein gesegelt, romantisch und anstrengend zugleich. Müdigkeit stieg in uns auf, je höher sich die Sonne über dem Horizont erhob.

Schon vor einer Stunde war das kleine Fels-Eiland vor unserem Bug in den Blick geraten, jetzt waren wir da und funkten den einzigen Bewohner an. Die Position, die der Leuchtturmwärter durchgab, passte mit unseren Vorstellungen überein. Palagruza liegt genau in der Mitte der Adria zwischen Kroatien und Italien, auf 42°23‘ Nord und 016°15‘ Ost.

Klar zum Landgang. „Maximal zwei Stunden“, verkündete der Skipper, er wollte nicht zu spät in Italien ankommen.

Bis hinauf zum Leuchtturm waren es mehr als 200 Höhenmeter. Die Aberhunderte von Möwen, die hier rumsaßen, spielten ganz plötzlich verrückt, kreischten und attackierten die Treppensteiger, die um sich schlugen und aufpassen mussten, nicht abzurutschen.

Als der Ausblick ins schier unendliche Blau immer faszinierender wurde, erklang Musik. Jemand spielte Geige und es klang wie La Paloma. So begrüße er seine Gäste immer, wenn sich schon mal jemand hierher verirre. Der Leuchtturmwärter hieß Volomir und war selbst auch zur See gefahren.

Von oben hatte man eine einzigartige Aussicht über die Adria in ihrer vollen Breite. Im Nordosten sah man die kroatische Küste mit ihren vorgelagerten Inseln Vis und Lastovo. Im Südwesten die italienische Halbinsel Gargano, den so genannten Sporn am Stiefel.

„Wollt ihr das Geheimnis des gelben Anstrichs kennen lernen?“ Die Crew sah sich verwundert an. Was meinte er mit gelb? Die Gebäude wirkten wie mausgrau. „Früher war der Turm knallgelb, wegen der besseren Sichtbarkeit, heute riechen es wohl nur noch die Möwen“, erklärte Volomir. Der gelbe Anstrich sei das Produkt von mindestens 100.000 Vogeleiern, die man den Tieren stibitzte und daraus Farbe anrührte. Volomir glaubte, die Vögel hätten ein generationenübergreifendes Gedächtnis und versuchten sich an den Menschen zu rächen, die ihnen einst ihre Brut nahmen.

„Ihr wisst aber schon, dass mancher Leuchtturmwärter dazu neigt, Seemannsgarn zu spinnen“, wandte der Skipper ein, als die Crew wieder auf dem Boot war und Fahrt aufgenommen hatte. Möglich immerhin, dass er uns die Hucke voll gelogen hatte, dieser Volomir. Denn seit der Automatisierung des Leuchtfeuers Palagruza Island von 2008 gibt es offiziell gar keinen Leuchtturmwärter mehr auf dieser Insel.

Portugiesische Galeere

Die Portugiesische Galeere ist ausnahmsweise einmal kein besonderes Schiff, auf dem irgendein berühmter Seefahrer seine Karriere begann, sondern ein Tier – und wenn man jenen Glauben schenken darf, die ihr begegnet sind, ist es – obwohl recht klein – ein ziemlich fürchterliches Biest. Worauf auch schon ihr Beiname „Floating Terror" hindeutet. Sie gehört zum Stamm der Nesseltiere und zur Ordnung der Staatsquallen, genauer, in die Gattung der Seeblasen, deren wissenschaftlicher Name Physalia physalis lautet.

Die Portugiesische Galeere ähnelt einer Qualle, tatsächlich besteht sie jedoch aus einer ganzen Kolonie voneinander abhängiger Polypen. Eine Vielzahl Polypen schloss sich zusammen, deren Einzeltiere sich nach und nach auf bestimmte Aufgaben wie Nahrungsaufnahme, Fortpflanzung, Abwehr oder die Ausbildung von Fangfäden spezialisierten. Dies führte schließlich dazu, dass die Individuen einzeln nicht mehr lebensfähig, sondern auf den Zusammenschluss mit anderen Polypen angewiesen waren. Eigentlich, so mag man meinen, ein höchst soziales Wesen – eigentlich!

Die Portugiesische Galeere treibt mit dem Wind auf der Wasseroberfläche, bevorzugt im Pazifik, kommt aber auch an den Kanaren und vor Portugal vor, daher die Ortsbezeichnung. Man kennt sie ebenfalls in der Karibik und im Mittelmeer. Eine bläulich schimmernde, bis 30 cm messende sackförmige Gasblase sorgt für den Auftrieb. Sie ist gefüllt mit auf 15 Prozent Sauerstoff abgereicherter Luft mit einem Anteil von 0,5 %–13 % Kohlenmonoxid.

Bei Gefahr kann das Tier innerhalb von Sekunden abtauchen. Das kammähnliche Segel wird nur bei Wind aufgerichtet, sonst würde die Portugiesische Galeere austrocknen. Während der Drift schaukelt sie immer wieder rechts und links, um sich feucht zu halten. Durch Steuerung ihrer Fangarme kann sie gerade so viel manövrieren, dass ihre Großverbände von mehreren tausend Exemplaren zusammenbleiben. Die zahlreichen blauen, weißen oder rotvioletten Tentakel sind bis zu 50 Meter lang.

An ihren Tentakeln finden sich bis zu 1.000 Nesselzellen pro Zentimeter, die ein Giftgemisch aus verschiedenen Proteinen enthalten. Dieses wirkt schon bei Hautkontakt, und zwar direkt an den Nervenzellen, wo es zu einer Überreaktion führt. Das Gift kann kleinere

Fische und andere Beutetiere töten. Bei Menschen verursacht die Nesselung starke Schmerzen. Das sieht man auch sofort, denn auf der Haut hinterlässt der Kontakt mit den Tentakeln rote Quaddeln, die an einen Peitschenhieb erinnern.

Meine Nacht mit Poseidon

Ob alles ganz anders gelaufen wäre, wenn wir Rasmus, Neptun, Poseidon und Konsorten gehuldigt hätten, lässt sich hinterher leicht orakeln. Fakt ist, wir taten es nicht.

Glaubt etwa irgendwer an den Hokuspokus, wonach von starken Stürmen und tosender See verschont bleibt, wer einen Schluck Hochprozentiges ins Meer kippt und so die Götter der Ozeane damit besänftigt?

Wir ankerten unterhalb des Kaps Sounion an der Südostspitze des griechischen Attika, bewunderten den einmaligen Sonnenuntergang und danach den angestrahlten Tempel … und – zugegeben – wir tranken den Schnaps lieber selbst.

Schon bei der Ansteuerung der Bucht hatten wir Sorgen, weil eine kurze Dünung von Süd auf den Strand rollte. Schiffe ankerten keine, wir waren in der Bucht allein.

Ankerpeilung, Ankerwache. Im Halbstundentakt raus aus der Koje und gucken.

Um 0:30 Uhr bemerkten wir eine Versetzung. Neben uns ankerte jetzt eine Katamaran-Yacht von erschreckendem Ausmaß. Der kamen wir nicht näher, wohl aber dem Felsenpaar in Nordwest. Also Mitsegler wecken und klar zum erneuten Ankermanöver.

Drei Monate zuvor hatten wir an gleicher Stelle schon einmal eine umfangreiche Störung der Nachtruhe. Wie von Teufelshand, oder sollte ich besser sagen, von Poseidons Hand geführt, rauschte die komplette Ankerkette von 80 Meter Länge raus. Poseidon, was für ein Spielchen spielst du mit uns?

Schließlich lagen wir ruhig. Schliefen langsam ein. Doch Poseidon hat sich etwas Neues ausgedacht, wie er uns den Rest der Nacht piesacken könnte. Er schickte Mücken. Wir schlugen um uns, gingen an Deck, rauchten – es half nur vorübergehend. Kaum bist du eingeschlafen, schon bist du wieder in Alarmbereitschaft und verteidigst dein Blut.

Am Vormittag folgten wird Poseidons Verlockung, nahmen das Beiboot, ruderten an Land und bestiegen seinen Hügel. Der Tempel steht dort seit 400 v.Chr., und schon damals ritzten die Touristen, die wohl eher eine Art Pilger waren, ihre Namen in die Säulen. Wir waren allein und nutzten die Chance. „Para Kalo“ für alles, womit du uns gequält hast, Gott des Meeres und der Mücken, schnitzten wir in einen Säulenstumpf.

Und es war ein herrliches Gefühl, ihm mal so richtig Bescheid gegeben zu haben!

Quäker

Ob der Begriff abgeleitet wurde von Quiet Helper (stille Helfer,) oder von quäkern (zittern, zögerlich sein), erzittern vor dem Wort Gottes, ist umstritten. Jedenfalls handelt es sich bei dem Quäkertum um eine Religionsgemeinschaft der eschatologischen Erweckungsbewegung, die sich um 1650 nach Ende des Englischen Bürgerkriegs gegründet hat.

Als religiöse Freundesgemeinschaft legten die Quäker ein eigentümliches Verhalten an den Tag. So weigerten sie sich beispielsweise, vor gesellschaftlich höher gestellten Persönlichkeiten den Hut zu ziehen, redeten alle Menschen mit du an, und lehnten den Gebrauch von Titeln und anderen Ehrenbezeugungen ab. Man vermutet, dass sogar das Händeschütteln als Ausdruck der Gleichheit von den Quäkern stammt.

Die Quäker praktizierten eine schlichte Lebensführung und wandten sich gegen Luxus in Kleidung (graue Einheitstracht), Architektur und Ausstattung der Wohnhäuser etc. Sie verwendeten eine einfache und direkte Sprache und lehnten Eide und Schwüre ab.

Den Quäkern wird eine gewisse Affinität zur Seefahrt nachgesagt. Es heißt, mit 17 Jahren wurde James Cook auf Wunsch seines Vaters Lehrling in der Gemischtwarenhandlung des Quäkers John Walker, der für ihn eine Art Mentor wurde. Diese Verbindung brachte ihn mit der Seefahrt in Kontakt, was mit der britischen Vorgeschichte zusammenhängt. Um sich als Andersdenkende und damit auch Andersgläubige religiöser Verfolgung zu entziehen und nach einem Land zu suchen, in dem sie Glaubensfreiheit genießen und Religionsfreiheit praktizieren konnten, schifften sich die Quäker vornehmlich in der zweiten Hälfte des 17. Jahrhunderts in die Neue Welt ein. Einer ihrer Führer, William Penn, soll der Gründer bzw. Namensgeber von Pennsylvania sein.

Quoyle

Früher dachte ich immer, dieses wie zu einer Schnecke aufgerollte Tau auf dem blanken Schiffsparkett sei ein Schmuckstück, welches Seeleute auf alten Windjammern herstellten, wenn sie Langeweile hatten. In einer tagelangen Flaute zum Beispiel.

Heute weiß ich es besser. Im *Ashley-Buch der Knoten* heißt es, man lege dieses Seil als Flämische

Scheibe, um darauf treten zu können und nicht stolpern zu müssen. Und es gibt die Redewendung "You're a Quoyle", was so viel heißt wie „du hast Meerwasser in den Adern".

Nun wäre ein Quoyle zum gefahrlosen Draufherumtreten nur mäßig interessant, gäbe es nicht auch eine Kunstfigur namens Quoyle, und zwar in dem mit dem Pulitzerpreis gekrönten Roman *Schiffsmeldungen* von Annie Proulx (1993). In der Verfilmung von Lasse Hallström wird er gespielt von Kevin Spacey. Zu Beginn dieses Filmes „The Shipping News" ist Hauptdarsteller Quoyle ein Verlierer, ein rumgeschubster und untergetauchter Junge, dessen zarte Seele als Abtreter benutzt wird, einer, dem ständig eingeredet wird, er sei ein Nichtskönner. Das geht soweit, bis er es irgendwann auch selbst glaubt. Ein gehemmter Supersoftie, ein absoluter Nichtschwimmer, bestenfalls Beckenrand – doch dann zieht er von Brooklyn zu den Wurzeln seiner Familie nach Kanada und wird als Verfasser humorig-unterhaltsamer Schiffsmeldungen für den „Gammy Bird" in seiner Ursprungsheimat Neufundland allmählich selbstbewusst.

Übrigens, Gammy Bird ist die gemeine Eiderente, die sich in Schwärmen zu gemütlichen Schnatterrunden zusammenfindet – nur um schon mal einen Einblick in die Redaktionsarbeit zu geben. Auf See sprach man von „gamming", wenn zwei Großsegler sich auf See begegneten und Nachrichten zuriefen.

Seltsamerweise haben die Leute im Dorf Respekt vor Quoyle, weil er eigentlich Spross eines Piraten-Clans ist, ein (Über-)Lebenskünstler, einer, der aus einem eigentlich schon abgeschriebenen Leben etwas macht. Quoyle kauft ein Boot, fordert einen IBM-Computer, verliebt sich und lernt, wie Küsse in Neufundland schmecken: „Ein bisschen nach Meersalz und Robbenflossenpastete, ein bisschen nach Glück".

Rügen rund

Zu Pfingsten zieht es uns immer Rügen rund. Start ist meist in Lauterbach, man könnte sagen, dem Hafen von Putbus, gegenüber der „Staatsrat"-Insel Vilm (die einer wunderbaren Werft, die sehr solide Schiffe baut, den Namen gab). Unser Bestreben, schon am ersten Tag los, um Mönchgut, Thiessower Haken und Nordperd herum, an Prora vorbei und in den Hafen von Sassnitz. Es ist ja noch lange hell.

Der zweite Tag führt nach einem ausgiebigen Spaziergang zu den Kreidefelsen im Jasmund Nationalpark ums Kap Arkona herum ins enge Fahrwasser hinter Hiddensee. Vor Jahren hat dort unser Skipper übermütig die Betonnungslinie verlassen um abzukürzen – und prompt liefen wir auf.

„Alle Mann auf den Baum“ – ein auch nicht alltägliches Manöver. Das Schiff bekam Schlagseite, durch Vor- und Zurücklaufen der Motoren befreite es sich selbst aus dem Sand. Lerneinheit: Immer schön an die Regeln halten!

Vom Hafen Kloster aus ist es nicht mehr weit zum Gerhard-Hauptmann-Haus, und der Weg zum Dornbusch mit seinem Wahrzeichenleuchtturm ist ohnehin Pflichtprogramm. Nach so viel Natur pur muss die Crew am dritten Abend mal wieder Urbanität tanken, und zwar in Stralsund. Also an Ummanz vorbei und in Altefähr den Moment genau abpassen, wenn die Brücke öffnet. Danach hart Steuerbord in die erste beste Box. So war das früher. Heute sind die Liegeplätze vor der Klappbrücke. Aber zum Zanderfilet gibt es zu dieser Jahreszeit selbst an Bord Spargel wie ehedem.

Am letzten Tag geht’s durch den Strelasund rund Zicker zurück zum Ausgangshafen. Zwischen der Halbinsel Devin und dem Vogelhaken Glewitz hatte ich einst eine Begegnung der dritten Art. Es dunkelte schon, als mir zauberhafte Klänge entgegenkamen. Ein Einhandsegler steuerte die Pinne mit der Kniekehle und spielte dabei Saxofon.

Das war wie eine Initialzündung für mich. Ich dachte mir, wenn ich mal groß bin, möchte ich das auch. Ich machte meine Segelscheine, erwarb Erfahrungen als Skipper und nahm Musikunterricht.

Heute nenne ich das nach Dire Straits' Mark Knopfler „Your lastest trick“!

Maritime Rhetorik an den Kapitalmärkten

Man kann die maritime Rhetorik in der Wirtschaft und an den Kapitalmärkten in drei Kategorien unterteilen: Da ist zum einen das Schiff selbst, das als Metapher bemüht wird, dann ist es das Seewetter mit Wellentälern, Winden und Fahrwassern, und schließlich sind es Accessoires der Seefahrt – das Steuer, der Anker, die Segel – alles, was seetüchtig sein und funktionieren muss und was der Steuermann, Käpt'n, Skipper fest im Griff hat. Beispiele:

Die Konjunktur im Euroraum steuert auf "unruhiges Fahrwasser" zu. Noch halten wir das Steuer in der Krise fest in der eigenen Hand. Unsere Wirtschaft ist in raue See geraten. Ob wir das rettende Ufer erreichen, ist ungewiss. Jetzt ist es an der Zeit für eine Kurskorrektur oder um das Steuer rumzureißen. Auch weil den Anlegern böiges Börsenwetter bevorsteht.

Da flüchten sie sich in sichere Häfen. Die Deutschland AG spürt die aufziehenden Winde. Noch ist unklar, ob es sich um eines der üblichen Aktiengewitter handelt.

Warum taucht die Finanzmarktrhetorik in die Seemannssprache ein? Weil diese abenteuerlich ist? Weil sie Sehnsüchte wie Bedrohungen bildhaft beschreibt? Weil man mit ihr Situationen ausmalen kann wie mit wenigen anderen Metaphern? Der Aktienkurs und der zu segelnde Kurs – beide können Missweisungen enthalten. Besser man hat vorher einen entsprechenden Kurs besucht.

„Die Zeiten des ruhigen Dahingleitens durch sichere Gewässer sind schon länger vorbei." So lange Gewinne erwirtschaftet werden, sind wir auf Kurs. Eine gute Finanzpolitik ist der Stabilitätsanker unseres Gemeinwesens. In Zeiten rauer Winde – wie sie jetzt aufziehen – rücken die Bedrohten zusammen. Denn wir sitzen schließlich alle in einem Boot. Ist irgendwo Land in Sicht?

Die so umschriebenen Sachverhalte sind meist gefährlich. Aufgepasst! Selbst „auf Sparkurs gehen" – was ja im Grunde vernünftig ist – hat nichts Euphorisches. Mit dem Spiel „Schiffe versenken" ist das auch so eine Sache. Selten wird die maritime Rhetorik bemüht, um Positives auszumalen, etwa dass man den Kurs hält, in sicheren Gefilden vor Anker liegt, unter Palmen Gewinne abschöpft oder dergleichen.

Schade eigentlich, denn im Grunde schwämme jeder am liebsten in einem Meer von Geld wie einst Dagobert Duck, dem der Swimmingpool zu klein geworden ist für seine Dollars.

Scharhörn

Wir sind unterwegs im Watt. Nach Scharhörn. Hat sich ganz schön raus gemacht, sagt Wolf, der zuletzt vor dreißig Jahren dort war. Damals gab es nur einen Sandhaufen. Und was heißt schon dort, in diesem Fall? Scharhörn wandert und ist heute eine richtige grüne Insel, die dem Fahrwasser in der Elbmündung immer näherkommt – die kleine Schwester von Neuwerk.

Wir sind mit dem Wattwagen unterwegs von der Nachbarinsel, Heiko fährt, ich sitze auf dem gelben Wagen bei ihm vorn, die übrigen ehemaligen Braunschweiger Gaußschüler hinter uns stimmen das entsprechende Lied an wie einst mit unserem Lehrer Hennes Jäcker. Die zwei sportlichen Damen aus der Vorderpfalz, die sich zu uns gesellen, Journalistin und Buchhändlerin (das passt), sorgen für kurzweilige Konversation während der sieben Kilometer-Kutschfahrt.

Im Pfahlbau, von dem man den Blick über die Vogelkolonien und weite Wattflächen bewundert, wohnt derzeit Jan, der uns empfängt. Für ein halbes freiwilliges Ökologie-Jahr ist er Vogelwart des Jordsand e.V. und einziger Bewohner von Scharhörn. Er kennt jedes Tier persönlich und kann (fast) alles erklären. Dass seine Insel und Nigehörn von nebenan schon zusammengewachsen sind. Dass dies auch bald schon mit Neuwerk passieren könnte – denn die Wanderinsel hat ihre Richtung geändert. „Pioniervegetation“ ist der Fachbegriff.

Es ist Brutzeit, doch die 8.000 Tiere lassen sich von den acht Menschen nicht aus der Ruhe bringen. Ein Fernrohr ist auf das Wrack der Ondo auf dem gegenüberliegenden Vogelsand gerichtet. Jan, der Inselfan mit dem Faible für den Charme der Isolation, erzählt vom nördlichsten Punkt Hamburgs, bekannt seit dem 13. Jahrhundert als gefürchtete Sandbank. Eine richtige Insel sei Scharhörn aber erst seit 1930, als man durch Sandfangzäune und systematische Bepflanzung begann, die Sandbank zu sichern.

In den Sechziger- und Siebzigerjahren des vorigen Jahrhunderts gab es ernsthafte Bestrebungen, Scharhörn zu einem Tiefwasserhafen auszubauen, mit Damm nach Cuxhaven. Dieser Kelch ging zum Glück am Watt vorbei. Scharhörn darf außer bei offiziellen Führungen oder nach telefonischer Voranmeldung beim zuständigen Vogelwart nicht betreten werden.

"Schatzinseln" an der Speyside

Wenn man von Schottland erzählen will, erntet man zunächst die gängigen Klischees: Geizig, immer schlechtes Wetter und Männer, die Röcke tragen. Oft reicht schon ein leichtes Augenbrauenhochziehen, und es folgen Einschränkungen wie: Sehr schöne Landschaften, ein ganz anderes Licht oder auch tapfere Helden wie "Braveheart" William Wallace oder 007-Star Sean Connery.

Es gibt traumhafte Sandstrände, die leider nicht zum Baden einladen, Burgen und Schlösser, die oft als Ruine auf Felsvorsprüngen ins Meer hineinragen, wenn dort nicht gerade ein historischer Leuchtturm steht.

Mit diesen Lighthouses hat es eine besondere Bewandtnis. Insgesamt 88 davon wurden von der genialen Ingenieursfamilie der Stevensons in drei Generationen errichtet. Sie sicherten damit die schottischen Küsten, und eigentlich war klar, dass der jüngste Spross, Robert Louis, 1850 geboren, in die Fußstapfen seiner Technik-Väter treten sollte. Stattdessen verschrieb er sich der Literatur und schuf unter anderem mit dem Roman *Die Schatzinsel* von 1883 und seinem Erzähler Jim Hawkins einen Abenteurertyp, dem ich mich noch immer verwandt fühle, wenn ich Neuland betrete.

Ende August, bei Temperaturen von immerhin über 20 Grad, hatte ich mir die Speyside in den Grampian Highlands zum Wandern ausgesucht, jenes Flusstal, das weltberühmt wurde wegen seiner Fliegenfischer, vor allem aber durch seine Whiskydestillerien, die wahre Schatzinseln sind. Ausgangspunkt für den Malt Whisky Trail ist Dufftown, von dem es spaßeshalber heißt: „If Rome was built on seven hills, Dufftown's built on seven stills". In der Tat findet man hier die Wiege des Pure Single Malt, und der bei uns bekannteste von allen ist Glenfiddich mit der dreieckigen Flasche, womöglich erfunden gegen das imageschädigende Bild einer rollenden Buddel, wie man es von Piratenschiffen kennt.

Zwanzig Meilen flussabwärts gelangt man bei Lossiemouth ans Meer. Mit Covesea Skerries von 1846 überragt einer der schönsten Stevenson-Leuchttürme die Szenerie. Man vermutet, dass der kleine Robert Louis, als er seinen Vater auf Inspektionsreisen zu diesen „Kathedralen der Meere" begleitete und nicht nur wilde Küsten, sondern auch raue Kerle wie John Silver und Israel Hands antraf, hier zu seinem Roman inspiriert wurde.

Shipwreck Bay

Dimitris hatte mich mitgenommen, das müsste ich mir unbedingt ansehen. Aber zu Fuß oder mit meinem Boot käme ich dort nicht hin. Also brausten wir mit 25 Knoten ums Nordkap Skivari der Insel Zakynthos und fuhren eine halbe Stunde später in die Navagio-Bucht ein – und mit seinem Motorboot halb auf den Strand hinauf.

Eingebettet in mehr als hundert Meter hohe Kalksteinfelsen liegt dort nicht nur ein pittoresker weißer Strand, sondern auf diesem Navagio Beach liegt auch seit rund 40 Jahren ein langsam vor sich hin rostendes Schiffswrack. Die Farbgebung – weißer Kalk, blauer Himmel, türkisfarbenes Wasser und brauner Rost – macht diesen Ort zu einem der meistfotografierten Motive im Ionischen Meer.

In die Bewunderung hinein mischen sich Fragen. Etwa: Wie ist dieser fast 50 Meter lange Schiffskörper hier und genauso hingeraten? Oder: Warum wird diese Shipwreck Bay auch Smugglers Cove genannt? Und: Weshalb wimmelt es an diesem touristischen Anziehungspunkt von Urlaubern aus China?

Es ist die Nacht vom 1. auf den 2. Oktober 1980, als der Kapitän der Panagiotis in stürmischer See die Kontrolle über sein Schiff verliert – Motorschaden vor der Nordwestküste von Zante. Der Frachter läuft in der fjordartigen Bucht auf Grund. Die Crew bringt sich in Sicherheit. Als sie Tage später ihre Fracht bergen wollen, haben die Bewohner der umliegenden Dörfer die Ladung "konfisziert". Die Polizei nimmt insgesamt dreißig Personen wegen Plünderung fest.

Eine Variante spricht von Schmugglern. Zigaretten, Alkohol und Frauen aus Albanien. Das ursprünglich schottische, 43 Jahre alte Schiff wird von der Hellenic Coast Guard gejagt und in die Enge getrieben. Der Kapitän setzt den Kahn mit Vorsatz auf den Strand.

Als ich den Gedanken nachhänge, wie selbst eine ordentliche Havarie zu einem wirtschaftlichen Erfolg werden kann, denn täglich werden heute tausende Touristen hierher geschifft, ertönt plötzlich Celine Dion mit der Titelmelodie aus „Titanic“. Ein als Piratenschiff maskierter Ausflugsdampfer bringt neue Chinesen. Denn in China gibt es einen Kultfilm, der genau dieses Schiffsunglück und seine Havarie verherrlicht. Jeder will den Ort besuchen.

Sporaden

In der Antike dachte man sich die Inseln im Ägäischen Meer um das Kultzentrum Delos als Kreis, was zur deren Bezeichnung Kykladen – Ringinseln – führte. Sinnigerweise wurden die weiter entfernt gelegenen Inseln unter dem Namen Sporaden – zerstreute Inseln – zusammengefasst.

Im Osten zwischen Lesbos und Samos sind sie wasserarm und kahl, im Norden, bei Skiathos beginnend, saftig grün.

Skiathos ist der günstige Ausgangspunkt für eine Erkundung dieser Inselwelt. Es gibt einen Airport mit Direktflügen aus und nach Deutschland. Quer durch die Hafenbucht verläuft die Einflugschneise, und um nicht von Flugzeugen den Mast rasiert zu bekommen, gilt dort für Segelyachten Ankerverbot. Die Insel hat zahlreiche Hotels und ein reges Nachtleben. Wer Natur liebt, macht sich bald aus dem Staub.

Doch hat man erst mal die Nachbarinsel Skopelos hinter sich, wo die „Schwarzwaldbucht“ von Panormos sehenswert ist und auf der anderen Inselseite die berühmt gewordene Hochzeitskapelle des ABBA-Musicalfilms „Mamma Mia“, taucht man ein ins Naturschutzgebiet. Tagelang segelt man an Olivenbäumen entlang. Bisweilen, wie an einer malerischen, nach Süden offenen Ankerbucht auf Peristera, stehen sie sogar am Strand Spalier.

Je weiter man nach Norden zieht, desto einsamer wird es. Auf Kyra Panagia lebt nur ein älterer Ranger, der an die Strandbucht geritten kommt, kaum dass ein Ausflugschiff in Sicht gerät. Hierher fährt, wer im kristallklaren Wasser baden und schnorcheln und im Übrigen seine Ruhe haben will.

Er wird nachts mit einem gigantischen Sternenhimmel belohnt. Noch weiter nördlich ist alles menschenleer.

Mein absoluter Lieblingshafen ist Steni Vala auf der Insel Alonnisos, wo es mehr Tavernen als Bootsliegeplätze zu geben scheint. Was einerseits an der geringen Wassertiefe am Kai, andererseits daran liegt, dass man von der ganzen Insel dorthin wandert um zu essen – ein kulinarischer Höhepunkt.

Und dann das 45 Seemeilen südöstlich gelegene Skyros mit der Inselhauptstadt, deren Häuser wie Schuhkartons übereinandergestapelt sind. Wenn die Abendfähre in Linaria anlegt, ertönt aus der Bar am Pier gegenüber „Also, sprach Zarathustra" ohrenbetäubend laut durch die Bucht – aber das ist eine andere Geschichte.

Staberhuk

Fehmarn war mir schon seit Kindheitstagen ein Begriff. Die Insel liegt vor Heiligenhafen, wo die ganze Familie im Sommer urlaubte. Ab 1963 kam man über den „Kleiderbügel" rüber, die Fehmarnsundbrücke. Ganz unten rechts oder am Südostende der Insel liegt ein kleiner Hof mit Obstgarten an der Steilküste, und aus dem Bäumen ragt ein Leuchtturm hervor.

Staberhuk wirkt wuchtig, weil er die einstige Feuerkonstruktion mit Gürtellinse von Helgoland trägt, die aus Gusseisen hergestellt wurde. Neunzehn Seemeilen weit trägt sie das Licht und sichert damit das Dreieck von Mecklenburger –, Lübecker – und Kieler Bucht.

Weil es so gut wie keine Touristen dorthin verschlägt, überträgt sich hier die sprichwörtliche Einsamkeit des Leuchtturmwärters auf den Besucher. Zwischen Schlehenbüschen und Stoppelfeldern, dem schmalem, steinigen Strand, sowie Schilf und Seetang erlebt man einen idyllischen Ort an der Ostsee.

Den genoss auch Ernst-Ludwig Kirchner, der sich zwischen 1908 und 1914 vier Sommer lang bei der Familie des Leuchtturmwärters Lüthmann einmietete. Rund 100 Gemälde und Zeichnungen des expressionistischen Malers entstanden auf Staberhuk. Ein Verein veranstaltet Führungen zu den Orten, an denen der Künstler seine Staffelei aufstellte, und betreibt eine permanente Wechselausstellung.

Eine seiner wunderbaren Federzeichnungen trägt den Titel „Badstaven“ (Badstuben) und zeigt eine Fachwerkhauszeile im Ort Burg.

Tatsächlich gab es dort in Waschzubern eine öffentliche Badeanstalt. Als jedoch „Männlein und Weiblein sich hier gemeinsam amüsierten“, so wird berichtet,

„wurde es der Obrigkeit zu unmoralisch, und sie verbot das lustige Treiben“.

Immerhin hat es Staberhuk auf eine Briefmarke für Postkarten geschafft und ist in den vergangenen drei Jahren millionenfach gesehen worden. Kirchners Bilder auch. Ein Abstecher für alle, die in der Nähe sind, lohnt allemal – man muss nur die zwei Kilometer von der Marinestation in Marienleuchte aus zurücklegen.

Symi

Umgeben vom türkischen Festland liegt nordwestlich von Rhodos die griechische Insel Symi. An der Südküste empfiehlt man uns die Panormitis-Bucht. Ein Geheimtipp mit einem Kloster, wo Ankerlieger morgens frisch gebackenes Brot bekommen können.

Zunächst finden wir die Einfahrt gar nicht. Dann haben wir Glück und sehen eine Miniaturfähre zwischen Felsvorsprüngen rausfahren. Dort geht es rein, und drinnen in der top-secret-Bucht liegen sage und schreibe 17 (!) Yachten.

Doch ringsum herrscht Stille, unterbrochen nur von den gregorianischen Gesängen aus dem Kloster und den Glocken am Halsband der Ziegen. Eine sagenhafte Atmosphäre!

Am Nachbarboot, ebenfalls deutsch, geht die Dame schwimmen, mit Badethermometer wie einst meine Großmutter am Steinwarder, und ruft ihrem Gatten zu: „Schatz, du glaubst es nicht – dreißig Grad!“ Nicht schlecht für Ende September.

Tags drauf steuern wir den Hauptort der Insel an, einst Zentrum der Schwammtaucher. Das ist lange her – denken wir. In jedem Fall ein Ort, der hochstapelt, jedenfalls die Häuser in der Hafenschlucht.

Das Anlegemanöver erweist sich als schwierig, denn zehn Meter vor dem Kai ist es schon 25 Meter tief. Ankersalat ist vorprogrammiert. Am besten, man wartet mit der Weiterfahrt ab, bis alle anderen draußen sind. Wir liegen neben einer Mega-Motoryacht und sind erstaunt, wie sich ein junger Österreicher allein und souverän noch rückwärts dazwischen quetscht.

Den bewunderten Alpennachbarn treffen wir später noch einmal wieder, wie er mitten in einer engen Fahrrinne zwischen zwei Inselchen ankert – wir schrauben unsere Bewunderung wieder zurück und bleiben gedanklich lieber in Symi-Stadt, das nur drei Seemeilen entfernte türkische Festland immer im Blick.

Die Häuser hier wirken wie übereinandergestapelt, an der Hafenpromenade reiht sich Taverne an Taverne, nur unterbrochen von Souvenir-Shops mit Schwämmen, Schwämmen, Schwämmen.

Allerdings kommen die mittlerweile aus anderen Gegenden Griechenlands.

Wir lagen also richtig mit unserer Vermutung, dass das Schwammtauchen in Symi inzwischen verboten ist.

Theodori

Zu Beginn des 19. Jahrhunderts ist der Brite Charles Napier Inselgouverneur auf Kefalonia und lässt 1829 ein Seezeichen nach seinen antiken Vorstellungen erbauen. Theodori markiert die Einfahrt in die Hafenbucht der Inselhauptstadt Argostoli. Dieser Leuchtturm ist in seiner Form einzigartig und wird deshalb nach dem großen Erdbeben auf der Ionischen Insel nach 1953 originalgetreu wiedererrichtet.

Und so markiert Theodori noch heute für Kreuzfahrtschiffe und Freizeitkapitäne das Anlanden im Hotspot der griechischen Westküste. 24 dorische Säulen bilden tempelgleich einen Kreis, der besonders in den Abendstunden Einheimischen wie Touristen als Treffpunkt dient. Er ist das meist fotografierte Bauwerk der Region. Navigatorisch übrigens eine Katastrophe, denn man sieht ihn vom Meer aus kaum.

Die Frage ist, hatten Form und Lage für den Philhellenen als Inselchef eventuell noch eine andere, womöglich mystisch-religiöse Bedeutung? Ein geologisches Phänomen an diesem Ufer beschäftigt nämlich die Gedanken der Fachwelt. Das Wasser dort fließt (scheinbar) bergauf.

Während sich überall auf der Welt Bäche, Flüsse und Ströme ins Meer ergießen, drückt an dieser Stelle das Meerwasser ins Land hinein. Unterirdische Tropfsteinhöhlen der Vulkaninsel machen es möglich. Der Sog zieht das Meerwasser landeinwärts und hebt es an einigen Stellen in Form von kleinen Seen wieder ans Tageslicht.

Kein Seemannsgarn, ungelogen! Sogar Wassermühlen auf der Insel werden noch heute durch die unterirdischen Strömungen betrieben. Ob die Tempelstruktur des Theodori-Leuchtturms an der Meerwasser-Eintrittsstelle diesem Naturphänomen huldigt, ist allerdings nicht überliefert.

Thomas Point

Nach einem Radrennen quer durch Amerika segelten wir durch die Chesapeake Bay. Das ist die Flussmündung vom Susquehanna River, mit über 300 km Länge die größte Bucht in den USA. Mehr als 150 Gewässer fließen zusammen und öffnen sich zwischen den Bundesstaaten Virginia, Maryland, New York, Pennsylvania, Delaware und West Virginia sowie dem District of

Columbia zum Atlantik. Oft ist diese Wasserstraße nur zwei bis sechs Meter tief. Der Name bedeutete in der Indianersprache „Großer Fluss".

Eben dort gründeten die Briten 1607 mit Jamestown die erste erfolgreiche Kolonie Englands in Nordamerika. Und an der schmalsten Stelle des Großen Flusses östlich von Annapolis (Maryland), wo er nur 6,5 km breit ist und von der Chesapeake Bay Bridge überspannt wird, befindet sich mit 35 Yachthäfen das größte Wassersportrevier der USA.

Wir segelten südwärts bis zum Thomas Point, einem der außergewöhnlichsten Leuchttürme, den man sich vorstellen kann. Auf dem aufgeschütteten Felsen machte Eisgang 50 Jahre lang dem ursprünglichen Steinturm zu schaffen. Immer wieder brach das Glas. Statt seiner steht nun seit 1875 mitten im Wasser ein anderthalbstöckiges, sechseckiges Holzhaus in Schraubenpfahlkonstruktion. Heute ist es ein Museum.

Die Chesapeake Bay ist berühmt für ihre reichen Fanggründe, insbesondere für Meeresfrüchte wie Krabben, Venusmuscheln und Austern. Jemand nannte sie deshalb eine „natürliche Proteinfabrik". Die Amerikanische Auster war Mitte des 19. Jahrhunderts derart zahlreich, dass sie 7.000 Fischer ernährte und die Seekarten die Austernbänke als gefährliche Hindernisse vermerkten. Heute werden jährlich 45.000 Tonnen Krabbenfleisch gefischt, was die USA zum größten Krabbenfleischexporteur der Welt macht.

Trizonia

Es ist die einzige bewohnte Insel in Golf von Korinth. Sie liegt nur einen halben Kilometer vom nördlichen griechischen Festland entfernt. Jede Stunde bringt das Wassertaxi, das etwa drei Minuten für die Überfahrt benötigt, ein paar Tagestouristen rüber.

Bei uns Bootsfahrern ist Trizonia deshalb so beliebt, weil es etwa auf halber Strecke zwischen dem Korinth-Kanal und dem Ionischen Meer über eine große und geschützte Marina verfügt – mitten in der Idylle.

Ruhe pur! Denn die Insel ist autofrei und man kann herrlich durch wunderschöne Naturlandschaft wandern, wenn sie auch mit 2,5 qkm kleiner als Neuwerk und also recht überschaubar ist. Die Wege zur Südküste enden an traumhaften und einsamen Stränden mit Blick über den Golf zur Peloponnes-Halbinsel.

Einziger Nachteil: Wie so oft in Griechenland wurde dieser Sportboothafen nicht zu Ende gebaut. Obwohl alle Leitungen gelegt sind, fehlen Wasser und Strom am Kai. Ein Landsmann, der mit seiner schicken Segelyacht neben mir festgemacht hatte, meinte sogar, auf einem Schiffsfriedhof gelandet zu sein. In der Tat dümpeln ein paar vernachlässigte Boote im Hafenbecken – aber sonst? Der Eindruck eines Geisterhafens, in dem niemand zuständig zu sein scheint und in dem sich infolge dessen ein gewisser Schlendrian ausgebreitet hat – mitsamt einer Fahrtensegler-Guerilla, die wochenlang hier preiswert überlebt, weil keiner Gebühren verlangt –, wäre dennoch falsch. Denn spätestens am kleinen Dorfkai revidierte auch mein Landsmann sein Urteil. Ancora, Kalypso, Ostria, Poseidon und Trizonia Porto heißen die fünf Tavernen mit Blick aufs Meer.

Dazu ein Café, ein Minimarkt und zum Dorfstrand ausgerichtet eine riesige Lounge-Bar. Ioanna, die mir einen sensationellen gegrillten Oktopus serviert, lobt die Vielzahl und Qualität der Fische und Meeresfrüchte, weil das Wasser hier so salzhaltig sei.

1960 wollte Aristoteles Onassis die Insel, in die er sich verliebt hatte, kaufen. Doch die Bewohner widersetzten sich erfolgreich. So erwarb der Reeder-Milliardär stattdessen Scorpios östlich von Lefkas, wo Jackies Beachhouse noch heute steht.

Urlaub an der See

Seit meiner frühesten Kindheit Ende der 50er Jahre fuhren meine Eltern mit der gesamten Familie in den Urlaub an die See, und zwar nach Heiligenhafen in Ostholstein. Das war keine Selbstverständlichkeit. Nicht nur, weil wir – wie die meisten Menschen damals – noch gar kein Auto hatten, sondern vor allem, weil es den gesetzlichen Anspruch auf Erholungsurlaub damals noch gar nicht gab. Entsprechend hatten die meisten Menschen, wenn sie nicht ohnehin in Küstennähe lebten, bis dato noch nie das Meer gesehen.

Denn erst am 8. Januar 1963 wurde in Deutschland das Bundesurlaubsgesetz verkündet. Zweck des Gesetzes war und ist der soziale Arbeitsschutz. Wie der vollständige Titel „Mindesturlaubsgesetz für Arbeitnehmer“ schon besagt, regelt das Gesetz, in welchem Umfang bezahlter Erholungsurlaub zu gewähren ist.

Die ersten gesetzlichen Regelungen in Europa gehen auf die Wende vom 19. zum 20. Jahrhundert zurück. Gesetzlich sanktionierter Mindesturlaub begann mit drei bis sechs Werktagen im Jahr. Die ersten tariflich verbindlichen Urlaubsregelungen in Deutschland stammen aus dem Jahr 1903.

Den Anfang machten deutsche Brauereiarbeiter (Vorläuferorganisation der Gewerkschaft Nahrung-Genuss-Gaststätten), die in Stuttgart Tarifverträge aushandelten. Beschäftigte bekamen drei Tage bezahlten Erholungsurlaub. Bis dahin galt Urlaub also als etwas Exklusives – doch von dem Zeitpunkt an gedieh der Tourismus.

In der Zeit der Weimarer Republik schließlich hatte schon fast jeder Anspruch auf bezahlten Jahresurlaub. In den 1930er Jahren verlängerten die Nationalsozialisten im Zusammenhang mit der Gründung der KdF-Organisation den Urlaubsanspruch auf zwei bis drei

Wochen pro Jahr, ohne dass hierfür eine gesetzliche Regelung in Kraft trat. Erst seit 1963 stehen jedem Arbeitnehmer mindestens 24 Werktage Urlaub zu. Heute sind es durchaus zwischen vier und sechs Wochen. Die Europäische Union schreibt einen Mindesturlaub von vier Wochen vor. Auf anderen Kontinenten ist er meist geringer, und in manchen Ländern, wie etwa den USA, besteht gar kein gesetzlicher Anspruch.

Ventotene

Wir kamen von Neapel mit Kurs Nord. Am mondänen Ischia waren wir vorbeigesegelt und hatten unser Tagesziel schon im Visier: Ventotene, die südlichste der Pontinischen Inseln vor der italienischen Küste von Latium.

Auf Höhe der vorgelagerten Gefängnisinsel Santo Stefano kam uns ein Schlauchboot entgegen: „Abfangjäger".

Sie verhandelten das Anlegemanöver und vor allem das Liegegeld bereits auf See. Eigentlich war unser Ansteuerungspunkt die große Marina, aber der antike Galeerenhafen südlich davon wäre natürlich reizvoller.

Doch mit unserem Schiff von über 50 Fuß Länge und ohne Bugstrahlruder wohl zu eng.

„Das klappt schon, wir helfen", meinte einer der Fallensteller und fuhr voran. Gottlob war es relativ windstill, und wir hatte uns erfolgreich durch die schmale Einfahrt getastet. Nun noch eine kleine Rechts-links-Kombination und wir lagen mit dem Bug zum Kai. Höchst erstaunt nahmen wir wahr, was römische Sklaven hier vor 2000 Jahren mit einfachsten Werkzeugen in den Tuffstein gemeißelt hatten.

Die Faszination über dieses vulkanische Eiland im Tyrrhenischen Meer galt dann auch Claudio. Der Bauer hatte mit seiner Ape, dem üblichen Lastendreirad mit Motor, am Hafenkai Position bezogen und verkaufte alles, was wir brauchten: Aufstrich von Auberginen und Oliven, frisches Brot und Wein, den es nur auf der Insel gibt.

Es folgte ein kleiner Rundgang durch den schmucken Ort, in dem es einige hochpreisige Hotels und Restaurants gibt. Dann erfuhren wir, dass dies in der Antike ein Verbannungsort war für die Gattinnen der römischen Kaiser – entweder, weil diese einmal untreu geworden waren oder weil der Kaiser selbst es ungestört treiben wollte.

In der faschistischen Zeit lebte diese „Tradition" wieder auf, allerdings mit anderen Verbannten.

Ventotene wurde Konzentrationslager für Hunderte von confinati (politische Gegner, Kommunisten, Sozialisten).

Xerxes

Xerxes ist der Mann, der das Meer auspeitschte. Korrekt muss es wohl heißen: … der das Meer auspeitschen ließ. Denn schließlich war Xerxes nicht nur persischer Großkönig, sondern auch ägyptischer Pharao, und in so einer Position peitscht man nicht selbst.

Nachdem die Perser wieder und wieder von den Griechen eins auf die Mütze bekommen hatten – zum Beispiel auf dem denkwürdigen Schlachtfeld von Marathon –, wollte Xerxes sie nun endlich mal besiegen. Angeblich 100.000 Krieger umfasste sein Heer, das multinational und multikulturell war.

Xerxes plante eine Landschlacht. Dafür brauchte er eine Brücke, um die Tausende über die Dardanellen zu bringen, also über den Hellespont im heutigen asiatischen Teil der Türkei, etwa auf Höhe von Canakkale. Mehrere hundert Schiffe wurden hinter einander gebunden, und die Soldaten sollten über die Holzplanken nach Hellas marschieren.

An sich eine gute Idee. Aber ein Sturm machte einen Strich durch Rechnung. Ein Glied der Schiffskette brach auseinander, und zahllose persische Soldaten ertranken, noch bevor es überhaupt zur Schlacht gekommen war.

Nach diesem fehlgeschlagenen Brückenschlag über die Dardanellen war Xerxes dermaßen sauer, auf die Wellen, auf den Sturm, auf das Wasser und auf Poseidon, dass er zur Strafe (denn irgendeiner muss ja schuld sein und bestraft werden) das Meer auspeitschen ließ.

Das hat ihm dann auch seinen ungewöhnlichen Namen beschert. Man sagt, dass Xerxes, der übrigens von 519 bis 465 v. Chr. lebte, so viel bedeutet wie „der das Meer auspeitschte".

Trotzdem, in der Seeschlacht von Salamis war er auch unterlegen.

Nun war aber dieser ehrwürdige Herrscher und Feldherr abseits der Schlachtfelder nicht nur ein Verlierer. Xerxes widmete sich der Errichtung von Kolossalbauten und machte sich damit zumindest in der Baugeschichte einen Namen.

Ys

Ys ist bretonisch und steht für eine versunkene Stadt in der Bucht von Douarnenez im Finistere. Der Mythos fußt auf den gleichen sagenhaften Geschichten wie Vineta in der Ostsee, Rundholm vor Husum oder etwa Atlantis usw. Jedes Mal ist von Städten die Rede, die über einen unermesslichen Reichtum verfügten, bis Größenwahn sie dem Untergang weihte – insofern also Literatur mit pädagogischer Note.

Oft sind es Sturmflutnächte, in denen sie untergehen. Eine Opferdarbringung soll dann über Leben und Tod entscheiden, bringt aber nichts. Der Ys-Legende nach soll eine Prinzessin, ihr langes blondes Haar kämmend, den Fischern in Mondnächten als Sirene erschienen sein. Wir denken an die Loreley und fragen uns „Was soll es bedeuten?“

Vielerorts wird auch erzählt, dass noch heute die versunkenen Städte bei Sonnenaufgang wie ein Menetekel aus dem Meer auftauchen und an klaren, windstillen Tagen die Fischer die Glocken des im Meer versunkenen Kirchturms hören.

Die Legende wurde vielfach künstlerisch verarbeitet. Wie anderorts auch gibt es im Fall von Ys eine Komposition, hier von Claude Debussy, mehrere Opern und sogar einen Science-Fiction-Romanzyklus *The King of Ys*. Auch Computerspiele und Comics zum Thema kursieren.

So gut wie immer transportiert *Der König von Ys* Aspekte der Artussage – in der Bretagne naheliegend.

Wenn man sich auf Spurensuche nach Ys begibt, sollte man unbedingt Rivell befragen, den Hilfssheriff von Inspector Dupin aus Concarneau und Fachmann für alles Bretonische. Etwa so: Sie reisen an, werden von Rivell oder seiner Assistentin an alle möglichen pseudohistorischen Orte geführt und sind am Ende genauso schlau wie vorher. Und Assistentin Nolvenn – da bin ich mir sicher – wird Ihnen mit Vergnügen die Tickets buchen!

Zanzibar

Mein Vater pflegte bedauernd zu sagen, die Deutschen hätten damals Zanzibar gegen Helgoland mit den Engländern getauscht – und ich dachte stets, was für ein mieses Geschäft. Gottlob stimmt es nicht.

Dann hörte und sah ich lange Zeit nichts darüber, bis an vielen Autoheckklappen dieser Aufkleber mit den gekreuzten Säbeln auftauchte, der an eine Kultkneipe auf Sylt erinnern sollte. Und bis ich selbst als Segler nach Ostafrika kam.

Sansibar oder Zanzibar ist Persisch und bedeutet wohl so viel wie „Küste der Schwarzen“.

Der Archipel von Inseln liegt im Indischen Ozean vor Tansania, zu dem es heute als halbautonomer Teilstaat gehört. Touristen kombinieren gerne eine Besteigung des Kilimandscharo mit einem Bade- und Schnorchelurlaub. So auch wir!

Doch machen wir uns nichts vor. Urlaub in Sansibar ist Sightseeing im Prekariat. Das durchschnittliche Jahreseinkommen beträgt gerade mal 250 US-Dollar. Über die Hälfte der Bevölkerung lebt unterhalb der Armutsgrenze. Hohe Kindersterblichkeit und akute Mangelernährung sind Alltag.

Will man da wirklich hin? Hinzu kommt, wer dort segeln möchte, muss ein Schiff mit Skipper chartern, – die Gewässer und Riffe sind zu gefährlich für Ortsunkundige.

Wir starteten in Zanzibar-Stadt, was ungefähr 25 sm östlich vom Festland liegt, und segelten über Daressalam nach Süden zur Insel Mafia (die heißt wirklich so). Dann wieder Kurs Nord an die Ostküste von Zanzibar und weiter nördlich nach Pemba Island. Von dort ging es von Kenia rauf bis Mombasa. Die Festlandküste ist einmalig!

Die wichtigsten Seehäfen Sansibars wurden 1989–1991 mit finanzieller Unterstützung der EWG erneuert. Anlegen ist damit kein Problem mehr. Und die Entfernungen sind moderat.

Über eine Million Einwohner leben auf über 2.600 qkm, was etwa (immer wieder gern benutzter

Vergleich) der Größe des Saarlandes entspricht. Oder auch mehr als Teneriffa, weniger als Fünen.

Die Bewohner Sansibars sind unterschiedlicher ethnischer Herkunft. Mehr als 99% sind Muslime. Überwiegend wird Swahili gesprochen, das in weiten Gebieten Ostafrikas als Verkehrssprache dient. Daneben ist Englisch Amtssprache. Verbreitet ist ebenfalls Arabisch.

Die grüne Zehn

„Ein Wind weht von Süd und zieht mich hinaus auf See, / mein Kind, sei nicht traurig, tut auch der Abschied weh. / Mein Herz geht an Bord und fort muss die Reise geh'n, / vor mir liegt die Welt und hinten die grüne Zehn." Diese La Paloma-Abwandlung ist auf einen Punkt an einem der schönsten europäischen Meeresarme gemünzt.

Die Schlei nämlich fließt bei Schleimünde exakt an dem grün-weiß-grün-weiß-markierten knapp fünfzehn Meter hohen, malerischen Leuchtturm in die Ostsee. Er ist das Wahrzeichen der Lotseninsel und markiert seit 1872 die Einfahrt. Doch offenkundig gab es über das äußere Erscheinungsbild, das der Leuchtturm haben sollte, wechselnde Meinungen.

Kein anderer Leuchtturm wurde so oft umgemalt wie dieser. Zunächst war er ziegelgelb, ab 1890 dunkelgrau, dann wieder gelb, ab 1910 hellgrau, ab 1920 schachbrettartig rot und weiß gewürfelt mit rotem Gesims und grauer Laterne, dann schwarz und weiß gewürfelt.

Bis 2015 schließlich war er ein mit Kunststoffplatten verkleideter weißer, runder Turm mit schwarzem Band und einer schwarzen Laterne auf einer Galerie.

Die Schlei ist die Heimat von Deutschlands einstiger Weltumseglerlegende Wilfried Erdmann aus Angeln, und mit ein bisschen Glück kann man zwar nicht mehr ihn selbst, aber vielleicht seine „Kathena nui“ irgendwo kreuzen oder an Land stehen sehen. Sonst muss man sich mit der „Grünen Zehn“ zufriedengeben, die heute nach umfangreicher Renovierung ein grünes Band auf weißem Grund und eine grüne Laterne trägt. Und eben die namensgebende Nummer 10. Mit den Zahlen sind die Leuchtfeuer bzw. Tonnen des Fahrwassers ab Schleswig aufgelistet, wie wir es auch von Elbe 1,2,3 usw. kennen.

Nun würde man nicht allzu viel Gedöns von so einem im Grunde unspektakulären Leuchtfeuer machen, gäbe es nicht auch die entsprechende Kneipe dazu, die Giftbude heißt. Sie ist nur mit dem Boot zu erreichen. Und das ist zumindest für einheimische Gewässer außergewöhnlich.

Ende